U0683174

浙江中医临床名家

徐珊

总主编　方剑乔

朱飞叶　主编

科学出版社

北京

内 容 简 介

　　本书是"浙江中医临床名家"丛书之一,介绍了浙江名医徐珊。徐珊教授是第四批全国老中医药专家学术经验继承工作指导老师,浙江省名中医。本书共分六章:中医萌芽、名师指引、声名鹊起、高超医术、学术成就、桃李天下。重点介绍了徐珊教授的从医之路、治学经验、学术思想、技术专长,以及传承后学的成就,并附录了徐珊教授的大事概览和学术传承脉络。本书结合具体案例展现了徐珊教授在脾胃病特别是中医药治疗癌前病变与功能性胃肠病等方面的学术特长和医术优势。

　　本书可供中医临床、科研工作者及在校学生阅读使用,也可供中医爱好者参考。

图书在版编目(CIP)数据

浙江中医临床名家. 徐珊 / 方剑乔总主编;朱飞叶主编. —北京:科学出版社,2019.7

ISBN 978-7-03-061874-0

Ⅰ. ①浙⋯　Ⅱ. ①方⋯ ②朱⋯　Ⅲ. ①徐珊－生平事迹 ②脾胃病－中医临床－经验－中国－现代　Ⅳ. ①K826.2②R256.3

中国版本图书馆 CIP 数据核字(2019)第 146020 号

责任编辑:陈深圣　刘　亚　李敬敬 / 责任校对:杨　赛
责任印制:徐晓晨 / 封面设计:黄华斌

科学出版社 出版
北京东黄城根北街 16 号
邮政编码:100717
http://www.sciencep.com

北京中科印刷有限公司 印刷
科学出版社发行　各地新华书店经销
*

2019 年 7 月第　一　版　开本:720×1000　B5
2019 年 7 月第一次印刷　印张:9 1/4　插页:2
字数:156 000

定价:58.00 元
(如有印装质量问题,我社负责调换)

徐珊教授

徐珊教授一家

徐珊教授临床带教学生

徐珊教授指导学生

浙江中医临床名家

丛书编委会

主　　编　方剑乔

副主编　郭　清　　李俊伟　　张光霁　　赵　峰

　　　　　陈　华　　梁　宜　　温成平　　徐光星

编　　委　（按姓氏笔画排序）

丁月平　　马红珍　　马睿杰　　王　艳

王彬彬　　王新华　　王新昌　　牛永宁

方剑乔　　朱飞叶　　朱永琴　　庄海峰

刘振东　　许　丽　　寿迪文　　杜红根

李　岚　　李俊伟　　杨　珺　　杨珺超

连暐暐　　余　勤　　谷建钟　　沃立科

宋文蔚　　宋欣伟　　张　婷　　张光霁

张丽萍　　张俊杰　　陈　华　　陈　芳

陈　晔　　武利强　　范军芬　　林咸明

周云逸　　周国庆　　郑小伟　　赵　峰

宣晓波　　姚晓天　　夏永良　　徐　珊

徐光星　　高文仓　　郭　清　　唐旭霞

曹　毅　　曹灵勇　　梁　宜　　葛蓓芬

智屹惠　　童培建　　温成平　　谢冠群

虞彬艳　　裴　君　　魏佳平

总　序

中华医药，博大精深，源远流长。灵兰秘典，阴阳应象，穷万物造化之妙；《金匮》真言，药石施用，极疴疾辨治之方。诚夷夏百姓之瑰宝，中华文明之荣光。

浙派中医，守正出新，名家纷扬。丹溪景岳，《格致》《类经》，释阴阳虚实之论；桐山葛岭，《采药》《肘后》，载吴越岐黄之央。固钟灵毓秀之胜地，至道徽音之华章。

浙中医大，创业惟艰，持志以亢。忆保俶山下，庠序进修，克艰启幔；贴沙河干，省立学府，历难扬帆；钱塘江畔，名更大学，梦圆字响。望滨文南北，富春秋冬，三区鼎足，一校华光；惟天惟时，其命维新，一德以持，六艺互襄；部省共建，重校启航，黾勉奋发，踵武增华。

甲子校庆，名医辈出，几代芳华。值此浙江中医药大学建校六十周年之际，特辑撰“浙江中医临床名家”丛书，以五十二位浙江中医药大学及直属附属医院名医为体，以中医萌芽、名师指引、声名鹊起、高超医术、学术成就、桃李天下为纲，叙名家成长成才之历程，探名家学术经验之幽微，期有益于同仁之鉴法、德艺之精进。

[签名]

时己亥初夏

目　　录

中医萌芽

　　徐珊教授在感悟杏林步履时，常常会向后学们说道，如果不是当初有幸拜张兆智老中医和蒋文照教授为恩师，就不可能将中医作为自己的终生职业，如果不是恩师们精湛学识和博大情怀的感染和影响，人生也就不可能有今天的收获。

第一节　敏而好学图报国

　　"敏而好学"出自《论语·公冶长》第五篇，子贡问曰："孔文子何以谓之'文'也？"子曰："敏而好学，不耻下问，是以谓之'文'也。"意即聪敏勤勉而好学，聪明之人却仍爱好学习。徐珊教授于1956年7月19日出生于浙江省金华专区（现金华市），父亲祖籍杭州并先后在金华第二中学和浙江师范大学任教，家庭背景与文化氛围的熏陶，徐珊教授自幼聪颖敏捷，记忆力、理解力和动手能力强（图1-1）。

图 1-1　徐珊教授与其父母亲

　　父母亲极为推崇明代于谦的《立春日感怀》："年去年来白发新，匆匆马上又逢春。关河底事空留客？岁月无情不贷人。一寸丹心图报国，两行清泪为思亲。孤怀激烈难消遣，漫把金盘簇五辛。"并以此教导孩子要有一颗渴望报效国家的赤子之心，努力学习，刻苦钻研，

学有所成，为国服务。

父亲是数学老师，从教40多年，耳闻目染，潜移默化，徐珊教授对数学产生了浓厚的兴趣。他就读的浙江省金华市环城小学，师资力量雄厚，教学质量优秀。1966年"文化大革命"开始之前，徐珊教授是学校数学竞赛队队员，多次参加比赛并获奖。放学后，竞赛队的同学们经常相聚在家中，讨论题目，研究答案，相互测试，其乐融融。有时，大家也会畅谈理想，憧憬未来。自那时起，徐珊教授就怀揣着长大成为"理工男"报效祖国的梦想。

第二节　生逢机遇入杏林

徐珊教授年少之时，酷爱理科，成绩优异，梦想多多，却从未与医生尤其是印象中穿着长衫的中医郎中挂上钩。

徐珊教授初中毕业后参加过市里组织的初升高的考试，取得总分第二名的成绩，但因历史原因而失去了继续上学的机会，在浙江省金华茶厂等单位工作了一年之多，当时能当上一名工人是非常荣耀的事。可是，出乎徐珊教授的意料，1973年4月底收到了分配新工作的通知书，到金华地区罗店医院（现为罗店镇中心卫生院）报到。当时，大专院校停止招生，医院特别是基层医院严重缺员，卫生行政主管部门不得已而为之，中学毕业生分配工作，将文教卫系统的子女充实到基层医院，通过跟师或培训，从事中医、中药，以及妇幼卫生工作等。每当徐珊教授谈及其从医历程时，他会说这应该感谢卫生行政主管部门与人事部门当初的决策，从原来的"理工男"之梦转而实现了从事中医的梦想。

去医院工作，这是徐珊教授从未想过的事，去还是不去令其犹豫不定，家人劝徐珊教授先到医院看看再说。1973年5月2日到了医院才知道，分配到医院工作的原计划有20多人，而实际报到的只有10多人。

罗店医院虽是乡村医院，却因拥有了名老中医张兆智而远近闻名。张老先生希望从前来报到的人中择优挑选两人当他学徒学习中医。那时，学校都停课了，考试自然被废除。张老先生采用了如今就业招聘时面试的做法，他来到报到的现场，察看了报到的人群，然后要求每个人写下一份自传。凭着这份自传，张老先生收徐珊教授和黄航华作为门下弟子。计划学徒三年，见习侍诊一年，学成后徐珊教授到金华地区罗店医院下属的竹马公社卫生院（现为金华市婺城区竹马乡社区卫生服务中心）工作。

第三节　师承引领不解缘

　　尽管与中医结了缘，但是，徐珊教授对陌生的中医却没有一丁点感觉，从内心深处而言，一个是青年小伙，一个是白褂郎中，真的有些格格不入。下决心学中医的真正原因，还是张老先生人格魅力的感召。张老先生言语不多却富含人生哲理，行医乡间显大师风范。

　　办了拜师酒席，徐珊教授便懵懂地开始了中医的学习，张老先生给了一系列书目。起初，读《黄帝内经》《伤寒论》《金匮要略》，外行人看拳，似懂非懂；背《濒湖脉学》《药性赋》《汤头歌诀》，小和尚念经，有口无心。随着读书和侍诊，特别是目睹病人痛苦而来，经张老先生的妙手诊治，微笑而去，渐渐萌发了对中医的好奇心。张老先生在诊桌上备放了草药和经验方制作的中药制剂，向具有适应证的病人介绍或提供免费治疗。其中，有一种名为"天马平安散"的中药粉末，专治"岔气"（软组织急性挫伤或扭伤），只要在病人的双眼内外眦点上少许药末，就会有立竿见影的效果。大多数病人是抬着来就医，用药后很快就能步行出诊室。徐珊教授瞒着张老先生，在邻居和熟人中施治，屡试不爽。如此不起眼的中药却有这般神奇的力量，徐珊教授对中医的好奇逐渐转化为学习的兴趣。

　　张老先生临床治病常以单方验方取效，处方用药，简便严谨，力专效宏。如单用蝉蜕二至四两(60～120g)治疗痉证和惊厥，徐珊教授用该方治疗几例，均获良效。古人云："医者，易也"。有了对中医的一点了解和尝试，徐珊教授开始以为，原来"易"就是容易，背会了方药，知晓了病证，一方治一病，一药疗一证，中医治病就是这么简单容易。然而，1974年间发生的一件事迄今令徐珊教授难以忘怀。

　　那个年代，金华武斗正酣。医院旁边工厂的一位青年工人到现场看望朋友，不幸头部左侧被枪弹擦皮肉而过，晕倒在地，由于"战火"激烈，无法抢救。等到"交战"双方停火，才被抬下"火线"，这时已过了一个多小时，出血很多。庆幸的是没有生命危险，却落下左侧颜面连及上肢抽搐，每隔一小时左右就要抽动十几分钟，非常痛苦。他来医院，适逢张老先生出差在外。徐珊教授以为有张老先生蝉蜕验方在手，又有多例病人的施治验证，治疗此病小菜一碟。于是，便自告奋勇为他开了药方——蝉蜕四两。可是，三天时间，病人仍然抽搐不已，未见任何改观，徐珊教授感到纳闷，为何验方不见灵验，

效方没有效果呢？张老先生回来，徐珊教授做了汇报，并请高诊。望闻问切之后，张老先生在蝉蜕方上加了鸡血藤等补血行血数药，一剂症减，五剂告痊。徐珊教授求教于张老先生，答曰："治风先治血，血行风自灭。"闻之，茅塞顿开。自此，徐珊教授才真正领悟到中医学博大精深，"医者易也"的"易"并非原本理解的容易的"易"，其旨在中医的内涵如同《周易》一样玄妙，是研究生命乃至宇宙运动变化规律的大学问。

徐珊教授初学中医才十七八岁，他说有一件事常常在提醒自己。记得一次门诊上班时，他们师兄弟三人在邻室聊天，竟"侃而忘归"。这时，候诊的病人已挤满了诊室。张老先生找到了他们，并没有训斥，只是说，病人求医，是将自己的生命都交给了医生。作为一名医生，除了应具有高超医技之外，更重要的是要有高尚的医德医风。选择医生作为自己的职业，就要从点点滴滴做起。短短数语，言轻意重，顿使自己感到愧不可当。随之，这种心情又转化为激励自己去奋发求学的动力，这时可以说徐珊教授真正地与中医结下了不解之缘。

第二章

名师指引

中医药人才培养方式通常有院校教育与师承培养，这两种培养方式，徐珊教授都经历过，他认为两种方式各有所长，但名师指引至关重要。

第一节 婺城名医获启蒙

徐珊教授于 1973 年 5 月拜张兆智老先生为师学医，1976 年 4 月中医学徒三年期满出师，后随师侍诊半年。张老先生作为启蒙名师，带徐珊教授进入杏林之门。

张兆智（1910～1989 年）（图 2-1），浙江省金华市婺城区罗店镇人，出生于中医世家，读私塾 8 年，自幼接受中国传统文化教育。15 岁跟随父亲学习中医，并随父佐诊，20 岁在罗店镇挂"清河医庐"牌号，悬壶济世。1956 年，张老先生发起成立"金华狮岩乡中医联合诊所"，并担任主任。1958 年，张老先生将中医联合诊所并入金

图 2-1 张兆智

华双龙人民公社卫生院（后改为罗店医院），任副院长。1961 年被评为金华地区名中医。

张老先生诊治妇科疾病享有盛誉，其实他更擅长治疗疑难杂症。他毕生致力于临床，治学不尚浮华，但求实效，无论历代名药验方，还是民间单方

草药，只要临床实践有效，悉予应用。张老先生诊务繁忙，每天来自省内外的病人有 200 人左右，工作时间一般在 12 个小时以上。他对每一个病人都耐心地倾听，细心地诊查，和蔼地医嘱，病人满意而归是他的追求。门诊上班时，通常几个学生坐在张老先生的四周，听完诊断辨证，记下脉案，遵循张老先生的经验效方，开出处方递呈张老先生审阅，张老先生认可后将方子交给病人。有一天，一位眩晕病人来就诊，徐珊教授按常规很快开好了处方，药用苍术、谷精草、白菊花、枸杞子。张老先生接过处方后说重开，徐珊教授如丈二和尚摸不着头脑，难道药开错了？随即，张老先生报出了药方：仙鹤草二两，潞党参一两。原来，张老先生刚从学术会议上了解了单味仙鹤草治疗眩晕的经验，认为仙鹤草又名脱力草，具有补气之功，但嫌其力弱，加用党参以增强其补益之功，适用于气虚之眩晕。投用本方，效如桴鼓，而参鹤汤方从此便成了张老先生治疗眩晕的新经验方。

三年的学徒生涯令徐珊教授最感动的是，张老先生不顾繁忙诊务的疲劳，利用晚上的休息时间到学生们居住的医院宿舍上课指导，解答学生们提出的问题，有时还会讲述医案医话以及杏林趣事，使学生们学医兴趣倍增，获益匪浅。

跟师习医的主要形式大致有两种，一是在学生们自学医书的基础上，张老先生在晚上授课时再讲解重点难点。二是随师抄方，临证侍诊，张老先生予以实时点拨。但是，无论理论的学习，还是临床的实践，都离不开习医临抄这一学习中医的传统方法。

首先，徐珊教授最常用的是临抄张老先生的论文讲稿、脉案验方等方法，如论文讲稿有张老先生自编的《中医内科资料》《中医临床摘要》《中医妇科经验录》《妇科医案选要》等。

其次是临抄医籍善本，徐珊教授临抄了《蒲辅周医案》一书，蒲老治病必求其本，治病以胃气为本的学术思想，立法用药"汗而毋伤，下而毋损，凉而毋凝，温而毋燥，补而毋滞，消而毋伐"的独特经验，对徐珊教授影响至深。

在读书或临证抄方，尤其是抄方侍诊时，要将张老先生的诊治过程或点拨讲解简要记下，嗣后整理完备。

应该说，习医临抄是传统中医师承教育的重要方式之一。初习医者临抄医籍古本、本草验方、脉案医话等，不仅加深理解熟记其医理，而且汲取文风书法之文理，仍不失为今人学习之参考。

1976 年 4 月，徐珊教授学成出师，张老先生把学生们叫到一起，语重心长地说：过去中医学徒出师之际，先生要送 3 件物品，马灯、蓑衣和草鞋。后来条件好了，先生就改送手电、雨伞和套鞋。送这些是要求行医之人以百姓生命安全和健康利益为上，遇有出诊，不管昼夜，无论晴雨，必须随叫随到，不可有丝毫懈怠。

1977 年 10 月高考恢复，徐珊教授等 3 个师兄弟一起参加高考，三人同时录取，一时传为佳话，张老先生看到学生们即将离开自己赴杭求学，心中依依不舍，但却流露出无比欣慰的笑容。

张老先生生前没有留下什么话，徐珊教授从师母及师兄处得悉，张老先生在病危期间常错将前来医院看望的人当作病人，并欲为其诊治。张老先生从 15 岁学医行医，救死扶伤，为民解除疾苦 65 载，即使在生命的最后时刻，他老人家还是惦念着他的病人。

追溯历代名医的史迹，从中不无启迪之处。他们那种"医乃仁术""宁为良医"的献身精神；博采众方，精益求精的治学态度；淡泊名利、普救众生的行医作风，实乃成为一代名医的重要因素。张老先生的精湛医术和高尚医德，被誉之为"北山神仙"，张老先生不愧为病人和学生心目中真正的名医。

第二节 高校求学得深造

1976 年 11 月因工作需要，徐珊教授结束了在张老先生处侍诊抄方，提前半年到原定分配的金华地区罗店医院下属的竹马公社卫生院工作，独当一面担任中医。其实，中医科只有徐珊教授一个中医，他还要兼职中药房进药、卫生防疫，以及农村合作医疗等工作。在较短的时间里，徐珊教授便打开了工作局面。如出诊诊治一肠梗阻男性病人，腹痛便秘，肠中鸣响，望其体强，舌苔厚黄，脉象沉弦。治以泻下通便，六腑以通为用。处方：红藤 30g，槟榔 15g，生大黄（后下）10g，炒枳壳 10g，乌药 10g。没多久，病人家属赶到医院，讲述病人喝下中药即吐出，腹痛加重。徐珊教授立即赶往病人家中，按照张老先生的经验，采用通过病人鼻腔给药以刺激，使之连续不断地打喷嚏的取嚏方法，候病人喷嚏一出，即刻喝下中药，病人未吐，须臾便通痛平。正所谓取嚏之法有奇效，气机开利一身爽，风痰秘噤用之妙。又如在流行性感冒、细菌性痢疾等传染病流行时，运用中药防治，

取得满意的效果。独立初涉临床，徐珊教授真正感受到了中医的疗效。

尽管徐珊教授独立行医不久便已小有医名，他仍然利用休息时间经常赶到张老先生那里抄方求教。尽管1974年2月～1974年7月他也参加了由浙江省金华市卫生局主办的为期6个月的脱产中医中药学习班学习，但徐珊教授仍感到自身中医药学基础理论的缺乏，亟须提高，渴望得到学习深造的机会。

一、恢复高考后首届本科生

1977年恢复全国高等院校招生考试，以统一考试、择优录取的方式选拔人才上大学。中断了10年的中国高考制度得以恢复，由此重新迎来了尊重知识、尊重人才的春天。恢复高考的招生对象是工人、农民、上山下乡和回乡知识青年、复员军人、干部和应届高中毕业生。会议还决定，录取学生时，将优先保证重点院校、医学院校、师范院校和农业院校，学生毕业后由国家统一分配。与过去的惯例不同，1977年的高考不是在夏天，而是在冬天举行，有570多万人参加了考试。虽然按当时的办学条件只录取了不到30万人，却激励了举国上下符合招生条件的人重新拿起书本，加入到求学大军中。

新的时代赋予了徐珊教授新的机遇，也是新的挑战。挑战主要表现在两个方面：一是基础文化知识的严重缺乏，因为徐珊教授只是那个年代的二年制初中毕业生；二是复习迎考时间的严重不足，因为只有一个多月的准备时间，且还要正常上班工作。在异常艰辛的这段时间里，徐珊教授铆足了劲，几乎每天都是通宵达旦。功夫不负有心人，徐珊教授一步步顺利通过了市地区级的初试及浙江省的统考，高考成绩下达后，徐珊教授填报的第一志愿便是浙江中医学院（浙江中医药大学前身）中医系中医学专业。

接到大学录取通知书的那一刻，兴奋之余，徐珊教授给自己定下目标，大学四年务必勤奋学习，打好报考研究生的基础。

1978年3月来到闻名遐迩的西湖之畔浙江中医学院报到，来不及欣赏西湖的美景，品茗龙井的茶香，便已投入到紧张的学习之中。虽然具有一定的中医学基础，但是徐珊教授仍然认认真真地听课，仔仔细细地记笔记，课后复习整理，装订成册（图2-2）。

图 2-2 徐珊教授课堂笔记册

徐珊教授认为，修学教学计划规定的课程固然重要，但是细心揣摩是做学问、攻专业必不可少的重要环节。《论语·为政》曰："学而不思则罔，思而不学则殆。"言学与思之辩证关系。所谓揣摩，即独立思考，辨明异同，找出规律，寻觅准绳。因而思较之学，更为艰辛困苦。徐珊教授围绕《黄帝内经》《伤寒杂病论》，阅读了大量的课外中医书籍，并撰写了读书笔记。如专题研学《伤寒论》所做的笔记《三泻心汤制方特色刍议》，记录半夏泻心汤、生姜泻心汤和甘草泻心汤是治疗伤寒误治而致痞证的代表方，三方主治虽异，但苦辛并进以顺其升降，寒热合用以和其阴阳，补泻同施以调其虚实之意则一致，其制方特色在于气味功用相反的药物相成之效，核心在于苦辛配伍。学有所获，成绩优异，硕果累累。在学校组织的方剂学竞赛中，徐珊教授拔得头筹。徐珊教授多次被评为校级"三好学生"，1979 年 5 月被共青团浙江省委员会授予"浙江省新长征突击手"荣誉称号。

二、学位条例颁布后首届研究生

1980 年中国学位制度正式建立，研究生招生步入了常态化轨道。俗话说，机遇偏爱有准备的人。1981 年 9 月徐珊教授参加了《中华人民共和国学位条例》颁布后首届研究生招生考试，浙江中医学院中医基础理论专业招生名

额只有 1 名，可谓众人竞过独木桥，1982 年 1 月 17 日徐珊教授如愿以偿收到了浙江中医学院中医基础理论专业硕士研究生的入学通知书。

徐珊教授 1982 年 2 月报到入学，攻读中医基础理论专业硕士学位。浙江中医学院中医基础理论专业硕士研究生指导小组师资力量雄厚，何任教授、徐荣斋教授、陆芷青教授、蒋文照教授、朱古亭教授、冯鹤鸣教授、叶德铭教授等德高望重的专家都是当时指导小组的成员，蒋文照教授具体负责指导带教，徐珊教授能够亲身聆听知名专家的指导教诲，真是荣幸之至。

徐珊教授认为，既然称之为研究生，学习攻读的重心应在于"研究"，是研究型的学习与攻读。除了修学硕士学位课程、完成教学计划外，他还重点研学了以下三方面的内容。

（1）医经学派的著述，如《黄帝内经素问吴注》《类经》《难经》等。

1）《黄帝内经素问吴注》是《素问》注本，乃校订疏证诸家之代表作。吴崑（明代歙县人，字山甫，号鹤皋）以王冰的 24 卷本为底本，由于他的临床经验较丰富，对《素问》所言生理、病理、脉法有较深入地理解，以理论和临床结合为其长。

2）《类经》是分类研究诸家之代表作，张介宾（明代山阴人，号景岳）把《灵枢》《素问》两书内容分作摄生、阴阳、藏象、脉色、经络、标本、气味、论治、疾病、针刺、运气、会通十二大类，共 390 篇，分类扼要，内容丰富，阐述颇多。

3）《难经》是专题发挥诸家之代表作，对脉学的发明主要有三：一是诊脉独取寸口，分寸、关、尺三部脉法。二是以菽法权轻重，菽，小豆也。三菽肺、六菽心、九菽脾、十二菽肝，用菽法来说明指按的轻重。三是创心肺主呼，肝肾主吸之说，呼出为阳，吸入为阴，心肺为阳，肝肾为阴，一呼再动，心肺所主，一吸再动，肝肾所主。"肺主出气，肾主纳气"，即源于此。

（2）当代中医名家的著作，如秦伯未、任应秋、方药中等的著述。

1）秦伯未（1901～1970 年），现代中医学家，曾任卫生部中医顾问。其著作有《清代名医医案精华》《中医临证备要》《谦斋医学讲稿》等，如《谦斋医学讲稿》中的"病因＋病位＋主症"式对构建临床辨证论治框架具有启迪性意义，中医临床强调辨证论治的正确性和理法方药的一致性。如诊断辨证为胃脘痛肝胃不和证和肝胃郁热证，其理法方药审证求因，疏方遣药，井然有序，证治相应。

2）任应秋（1914～1984 年），当代著名中医学家、中医教育家，北京中医药大学教授。其著作《病机临证分析》《内经十讲》《阴阳五行》《运气学说》等对徐珊教授硕士学位论文选题以及自学中医五运六气学说都有极大的帮助。如确立了《黄帝内经》病机学说作为硕士学位论文选题范围和毕业留校任教开设"时间医学"课程，结合临床应用讲述五运六气学说。运气乘克胜负结合人体的生理病理，疾病吉凶演变的基本规律表现在虚证逢生我者或遇本气旺时，主吉；遇克我者，主凶。实证遇克我者或本气衰时，主吉；遇生我者，主凶。五运六气的推算步骤，一是先定中运，中运之气的太过或不及。二是次明司泉，上半年司天之气主事，下半年在泉之气主事。三是运气相合，以晓年貌。

3）方药中（1921～1995 年），当代著名中医学家，中国中医研究院（中国中医科学院前身）教授。其著作有《黄帝内经素问运气七篇讲解》《辨证论治研究七讲》等，特别是《辨证论治研究七讲》引导了徐珊教授对中医辨证步骤的探索。《素问·至真要大论》病机十九条中"诸风掉眩，皆属于肝""诸寒收引，皆属于肾""诸气膹郁，皆属于肺""诸湿肿满，皆属于脾""诸痛痒疮，皆属于心"五脏病机 5 条及"诸厥固泄，皆属于下""诸痿喘呕，皆属于上"上下病机 2 条辨的是疾病的部位；"诸暴强直，皆属于风""诸病水液，澄澈清冷，皆属于寒""诸痉项强，皆属于湿"风、寒、湿病机 3 条、"诸热瞀瘛，皆属于火""诸禁鼓栗，如丧神守，皆属于火""诸逆冲上，皆属于火""诸躁狂越，皆属于火""诸病胕肿疼酸惊骇，皆属于火" 火病机 5 条及"诸胀腹大，皆属于热""诸病有声，鼓之如鼓，皆属于热""诸转反戾，水液浑浊，皆属于热""诸呕吐酸，暴注下迫，皆属于热"热病机 4 条辨的是疾病的性质。由此提出定位辨证、定性辨证和定位与定性合参辨证的三步辨证法，把握疾病本质，执简驭繁，操作性强。

（3）中医学术期刊，展示了中医药研究领域的成果。

在三年的研究生学习期间，徐珊教授是学校图书馆的常客，他翻阅了所有馆藏的中医学术期刊，并根据自己的研究兴趣按类做了题录及摘要，以便于检索查询。研究生毕业后，每月定时查阅新刊的杂志，一直延续到有了各种科技文献的检索系统才停止。在搬家和整理时，有人劝徐珊教授既然有了文献检索系统，便捷高效，可以把这一大沓的题录及摘要处理掉，但是这项工作花费了徐珊教授大量的时间与心血，更是探知求学的凝聚与印记，故应保存下来。

在蒋文照教授的精心指导下，徐珊教授完成了硕士学位论文《论〈内经〉病机学说的"非常则变"观》，1984年12月受到答辩委员会的一致好评，通过学位论文答辩，并授予医学硕士学位。

第三节 培训访学融中西

1984年12月硕士研究生毕业，徐珊教授留校在中医诊断学教研室任教。读书是学习，临证也是学习。"熟读王叔和，不如临证多"，中医药学术的奥妙，多在于临床。在就读本科及研究生期间，徐珊教授一直坚持临床，寒暑假回老家均安排了坐诊，有的病人甚至赶到杭州就诊，研究生毕业后每星期2次在学校附属门诊部门诊。他从临床来，又回到临床去，深有感触。《素问·气交变大论》说："夫道者，上知天文，下知地理，中知人事，可以长久。"对于当代中医人，应该学贯古今，融合中西，学识广博。所以涉及面要广，有关医理诊法方药，须兼收并蓄，消化吸收，广泛涉猎，如是则思路宽阔，进退从容。积累经验，奠定基础之后，又须由博返约。由全而专，至关紧要。所谓"专攻"，即选择方向，通过不懈的努力，在专科专病上形成自己独到之专长。而"术业有专攻"，又宜由约返博，博采众长，融会贯通。

导师蒋文照教授是著名的脾胃病专家，徐珊教授选择了脾胃病作为"专攻"方向。为了掌握先进的诊断技术，1985年8月徐珊教授参加了中华医学会浙江分会举办的为期2个月的"B超讲习班"学习，学业成绩95分，获结业证明书。他还积极参加各种讲座，汲取新知识、新理论、新技术。1998年2月调至浙江中医学院附属医院（浙江省中医院）任职，工作3年余，临床诊疗能力有了进一步的提高。2000年3月赴法国参加法国巴黎高等商学院欧亚研究所举办的2000春季"医院管理学习班"，2001年4月赴美国参加加州大学洛杉矶分校健康服务管理中心举办的"现代医院管理学习班"，培训与访学拓展了中医临床的思路。

第四节 御医传人授真谛

蒋文照教授（1925～2008年），浙江省嘉善县人，浙江中医药大学教授、主任中医师。1982年被浙江省人民政府命名为浙江省名中医，1991年批准为第一批全国老中医药专家学术经验继承工作指导老师，1993年被国务院授予"具有突出贡献专家"证书，并享受"政府特殊津贴"，2010年国家中医药管理局将"蒋文照名老中医药专家传承工作室"列为全国名老中医药专家传承工作室建设项目。

中医流派历来是中医学术发展的重要源泉，中医学数千年的历史，孕育和产生了无数的著名医家，发展和形成了众多的学术流派，蒋文照医学是具有鲜明特色的中医学术流派。

蒋文照教授1925年10月4日出生于浙江省嘉善县，1944年拜晚清御医陈莲舫再传弟子嘉兴名医徐松全为师。蒋文照医学渊源于陈莲舫、李子牧和徐松全。陈莲舫（1840～1914年）为清末医家，世代业医，乃第19代陈氏传人。光绪年间，奉召五入京城，为光绪、慈禧治病，有"国手御医"之称。李子牧（1868～1933年）弱冠师承陈莲舫，业成悬壶嘉兴、上海等地，医名卓著，曾陪同陈莲舫赴京为慈禧诊病。徐松全（1892～1974年）师承李子牧，获其真传。既擅长温病，取法叶天士；又兼治内妇儿杂证，法宗陈莲舫，盛誉一方。

蒋文照教授医教工作60载，师承名家，颇多受益，平脉辨证，学验俱丰，临床精于内科，兼及妇儿，诊治脾胃病证尤为擅长。从做人，做学问，到做医生，他崇尚"中和"理念，临证善用和法取效，形成了具有独特理论见解、临床技术和诊疗手段等中医流派特色的蒋文照医学。蒋文照教授在总结回顾时曾经这样说道："我现在主要看脾胃病"；并谦虚地说："承传了陈莲舫和徐松全他们的方法，自己稍微有点发展。"

1991年5月徐珊教授被确定为第一批全国老中医药专家学术经验继承工作指导老师蒋文照教授学术经验继承人，1991年6月12日参加由浙江省卫生厅等单位联合召开的浙江省继承老中医药专家学术经验拜师大会，行拜师礼，正式启动了为期3年的继承工作。

继承工作的主要方式是指导老师的临床带教，通过口传面授，临床应诊和实际操作向继承人传授其独到的临床经验和技术专长，继承人通过耳濡目染、细心揣摩，着力于从实践中学到指导老师真谛。徐珊教授认真记录临床病历，并做了精心的整理，在出师考核时，他所提交的病历全部被评为"优"。兹录整理临床病历3则如下。

病历一　胃脘痛

姓名：某某　性别：女　年龄：65岁　婚否：已婚　职业：退休工人

初诊日期：1991 年 10 月 4 日。

主诉：反复胃脘胀痛一年余，加重二月。

现病史：自去年 8 月份起，胃脘常感胀满不舒，时作疼痛，偶伴针刺样感，胸脘部时感烧灼，嘈杂易饥，但食入脘痞不舒。西医胃镜检查诊断为"慢性胃炎"，服"复方铝酸铋片"等药，效果不佳。近两月，脘痛加重，头昏耳鸣，神倦乏力，手心灼热，时有面部烘热，伴有汗出。

既往史：1989 年曾诊断为高脂血症。

个人史：饮食喜食生冷。50 岁绝经，生育 5-0-1-5（3 男 2 女）。

家族史：直系亲属除父母因年老已故外，余皆健康。

望诊：面色黧黑，舌质淡红，边有紫点，苔白薄腻。

闻诊：无明显阳性体征。

切诊：上腹有轻压痛，脉弦细。

实验室检查及特殊检查：某医院 1991 年 9 月 26 日纤维胃镜及胃黏膜活组织学检查提示：胃窦黏膜中度慢性浅表萎缩性炎伴轻度肠化生（活动性）。

辨证分析：过食生冷，脾胃受伤，湿浊内生，胃腑气滞，不通则痛，是以胃脘胀闷疼痛。气滞日久，血行失畅，而见瘀阻，故而舌瘀面黑、刺痛。湿困伤阳，脾气易虚，湿郁化热生燥，胃阴亦亏，是以头昏神倦、烘热汗出等气阴两虚之症见。脉舌表现乃气阴不足、湿阻血瘀之征象。此病位在胃，病理乃虚实夹杂，近月症状加重，临证当防其湿聚瘀阻而致病情有变。

中医诊断：胃脘痛（湿阻气滞型）。

西医诊断：慢性浅表 - 萎缩性胃炎。

治法：理气化浊，养阴和胃。

方药：北沙参 10 克，炙黄芪 15 克，蒲公英 15 克，炒黄芩 6 克，郁金 9 克，炒香附 9 克，制川朴 5 克，白蔻仁（后入）5 克，广木香 6 克，炒薏苡仁 20 克，炙鸡内金 9 克，佛手片 6 克，广藿香 9 克，白茯苓 15 克　　7 剂

医嘱：嘱饮食忌生冷油腻。

复诊记录：复诊八次，服药近半年。1992 年 3 月 4 日胃镜复检提示：胃窦黏膜轻度慢性浅表萎缩性炎伴轻度肠化。症状好转。

疗效：临床与病理好转。

指导老师签名：蒋文照　　　　　　　　　　继承人签名：徐珊

病历二　泄泻

姓名：某某　性别：男　年龄：62 岁　婚否：已婚　职业：退休工人

初诊日期：1991 年 11 月 8 日。

主诉：腹泻反复发作伴脘腹不适三年余，加重一月。

现病史：三年前患急性胃肠炎后，大便一直溏薄，饮食不慎或受寒后即便次增多，日 3～4 次，甚而便泻如水，服黄连素等药，开始有效，现不显。近一月余，因受寒而泻，脘腹部胀等不适，辘辘有声，日便 4～5 次，质稀溏，不成形，特请中医诊治。

既往史：患"痔疮"已 20 余年。

个人史：无烟酒嗜好。

家族史：无特殊情况。

望诊：面色萎黄，舌质淡红，苔薄白。

闻诊：腹中鸣响。

切诊：脉缓弱。

实验室检查及特殊检查：某医院 1991 年 10 月 12 日纤维胃镜检查：慢性浅表性胃炎。大便常规检查：蛔虫卵（＋）。

辨证分析：吐泻之后，脾胃之气受损，肠胃不和，健运失司故泄泻时作，气机郁滞不畅，脘腹胀满，故时有鸣响。脾胃气虚，气血乏源，不能上荣，面色萎黄，脾胃虚弱，故脉缓弱。脾虚又加饮食不慎而更虚，受寒之后脾阳益困，故泄泻次多，此脾虚失运之证。泄泻之本，无不由乎脾胃，此之谓也。益气健脾，调和肠胃，泄泻可止。

中医诊断：泄泻（脾气虚证）。

西医诊断：慢性浅表性胃炎。

治法：益气健脾，调和肠胃。

方药：太子参 15 克，炙黄芪 15 克，炒白术 9 克，沉香曲 10 克，煨木香 9 克，炒枳壳 6 克，怀山药 20 克，乌梅 6 克，炙鸡内金 9 克，炒谷芽 15 克，炒香附 9 克，佛手片 6 克，青皮 6 克，陈皮 6 克，白茯苓 15 克　　7 剂

医嘱：宜食清淡、低脂，忌生冷。

复诊记录：11 月 15 日复诊，加诃子肉以增固肠止泻之功，泄泻亦止。

疗效：痊愈。

指导老师签名：蒋文照　　　　　　　　　　继承人签名：徐珊

病历三　肺痿

姓名：某某　性别：男　年龄：22 岁　婚否：未婚　职业：工人

初诊日期：1992 年 6 月 23 日。

主诉：反复咳喘伴咯血十年，再发一月。

现病史：自幼体虚易感，1982年开始渐感气喘急促，感冒之后加重，晨起痰多，色白而黏，并在痰中带血。嗣后，咳血常作，甚而咳出纯血，西医诊为支气管扩张。本次咳血发作又已一月，痰中带血，有时纯血，左胸灼热，午后潮热（T：37.8℃），入夜口干，特请老中医诊治。

既往史：体虚易感，5岁时诊为营养不良症。

个人史：为早产儿（7个半月）。

家族史：其父有"肺结核"病史。

望诊：两颧潮红，形体消瘦，胸廓扁平，舌质红，苔少中剥。

闻诊：气促而急，动则尤甚。

切诊：脉弦细数。

实验室检查及特殊检查：某医院1992年9月6日胸片示：左肺中下野呈大片状致密阴影，横膈掩盖不清，肋膈角变钝，上野呈集片状阴影。左侧胸廓缩小，气管纵隔、心脏均向患侧移位。意见：左肺毁损、支气管扩张。

辨证分析转归：先天禀赋不足，后天失于调养，体虚易感久咳伤肺，肺络破损，是以咳嗽咯血。肺肾阴虚，虚热内生，故潮热颧红，左胸灼热。肺阴亏损，失于荣养，则形瘦、胸廓扁平。肾不纳气，故气急而促。舌红苔少中剥，脉弦细数，为阴虚内热之象。此肺损咳血，日渐肺叶枯萎，而成肺痿，终致痼疾，其治虽难转痿为荣，然可缓其症，健其体，以图带病延年。

中医诊断：①肺痿；②咳血（肺阴虚证）。

西医诊断：①左肺毁损；②支气管扩张。

治法：养阴润肺，清热和络。

方药：南沙参6克，北沙参6克，麦冬9克，银柴胡9克，炙鳖甲15克，青蒿9克，地骨皮9克，杏仁9克，旋覆花（包煎）10克，代赭石（先煎）20克，炒瓜蒌皮6克，炙百部10克，炒黄芩6克，炙鸡内金9克，生甘草6克　7剂

医嘱：忌辛辣、刺激之食物。

复诊记录：治守上法，五诊调治，潮热稍退，未见咳血，感冒未作。

疗效：好转。

指导老师签名：蒋文照　　　　　　　　　继承人签名：徐珊

从蒋文照教授的众多临证诊治实例中，徐珊教授通过整理总结、归纳概括，提炼出蒋文照教授的学术思想及临床思辨特色，即崇尚中和理念、重视气之为病、倡言浊邪致病、强调升降出入、注重顾护胃气，并擅用和法疗诸疾。撰写并在学术期刊上发表了《杏苑辛勤耕耘人——蒋文照教授学术思想和临床经验》《蒋文照教授治疗胃脘痛五法简介》《蒋文照诊治肠道病特色》《脘痛舒治疗胃脘痛 86 例》等的继承工作学术论文。

1994 年 5 月徐珊教授提交了全国老中医药专家学术经验继承工作结业论文《气郁浊阻病生，和理疏达法验——蒋文照教授学术经验和技术专长》，并顺利通过了出师考核。1994 年 12 月获人事部、卫生部、国家中医药管理局联合颁发的出师证书。

2005 年 4 月徐珊教授作为负责人的"蒋文照、葛琳仪学术思想及临证经验研究"项目列入国家"十五"科技攻关计划，2007 年 4 月项目通过科技计划项目验收，2008 年 8 月该成果获浙江省中医药科学技术创新奖二等奖。2010 年 11 月任负责人的"蒋文照名老中医药专家传承工作室"列入国家中医药管理局全国名老中医药专家传承工作室建设项目。2014 年 9 月 16 日通过全国名老中医药专家传承工作室建设项目验收专家组的考核验收，评定成绩 94.5 分，验收结论为"优秀"。科技攻关计划项目的研究与传承工作室的建设过程，也是徐珊教授传承蒋文照教授学术思想与医德情怀的深化与升华。

蒋文照教授师出名门，成绩斐然，待人处事以和为贵，信守和谐，一生追求和为圣度，无怪乎同事称其为谦和的学者，学生尊其为随和的师长，患者奉为和蔼的医生。徐珊教授有幸成为蒋文照教授的研究生和学术经验继承人，教诲良多，获益匪浅。蒋文照教授精湛的医术、高尚的医德及中和的理念深深感染了徐珊教授，所谓"中和"，"中"指的是平衡，是天下万事万物的根本，"和"指的是和谐，是天下共行的大道。中和的道理推而广之，达到圆满境界，天地万物则能各安其所，各随其生。作为医者，尤其是当代中医更须顺应自然之理，保持人体自身与自然、社会等的和谐。

第三章

声名鹊起

俗话说得好，功夫不负有心人，铁杵终究磨成针。徐珊教授步入杏林，辛勤耕耘、用心研学，努力实践，医疗、教学与科学研究硕果累累，获得成功。

第一节　命名省级名中医

徐珊教授师承张兆智名老中医与蒋文照教授，深得两位大师的真传，理论基础扎实，专业技能上乘，学验俱丰，成绩突出，1998年11月晋升为中医学教授，成为浙江中医学院（现浙江中医药大学）最年轻的教授。2000年12月评为中医内科主任中医师。2001年6月徐珊教授被评为浙江省高校中青年学科带头人（中医内科学）。2001年起任浙江省中医药高级技术职称评审委员会成员，参加浙江省中医药高级专业技术职称的评审工作。

徐珊教授长期从事中医药诊治脾胃病的基础与临床研究，临证长于内科，兼及妇儿，在业内及病人中享有盛誉，如一个患慢性胃炎的病人说："我是临安的一位病人，轻度萎缩性胃炎，到他这就医三次，病情基本稳定。我佩服这个医生，他有心理疏导的作用。他说胃病一方面吃药，一方面饮食注意，另一方面心情愉快很重要。我有体会，我觉得言之有理。"另一个病人这样评价："徐医生的技术的确很好，我因喝酒伤了胃，吃了很多西药都毫无办法，后来经朋友的介绍去他那吃了几次药，效果很好，值得推荐。"还有病人称赞徐珊教授："他是我见过的最好的医生了，无论是技术还是态度！"

为弘扬传统中医药学，加快浙江省中医药事业的发展，大力营造新一代名中医药专家脱颖而出的良好氛围，使一大批医德高尚、中医药理论功底深厚、拥有独特的中医药临床诊疗技术、群众公认的名中医药专家发挥更大的引领和示范作用，根据浙江省名中医队伍建设整体要求，遵循"公开、公平、公正"的原则，择优遴选、宁缺毋滥，每五年评选一次，每次评选名额不超过30名。个人申请报名后，经浙江省名中医评选委员会评审、浙江省卫生厅和人事厅审核，浙江省人民政府审批同意，并授予浙江省名中医荣誉称号。2001年徐珊教授被评为第四批浙江省名中医，是当选的最年轻的浙江省名中医，2001年12月27日被浙江省人民政府授予浙江省名中医荣誉证书。

2002年10月～2006年6月，徐珊教授指导带教第二批浙江省名中医学术经验继承人朱君华、成信法，2006年6月经浙江省卫生厅组织考核，朱君华、成信法成绩合格，届满出师，获浙江省卫生厅颁发的出师证书。

第二节　获颁教学名师奖

徐珊教授是中医内科学专业硕士生与博士生指导老师，被新西兰中医学院聘为客座教授，被美国加州五系中医药大学聘为博士研究生导师，2015年9月10日荣获浙江省任教三十年教师荣誉证书。

本科教育是我国高等教育的主体，在高等教育结构中居中心地位。徐珊教授一直从事本专科生专业基础课的教学，主讲"中医诊断学"，兼授"中医学导论""易学概要""中医药科研方法与论文写作"等课程，曾担任了浙江中医学院学生社团的指导老师，如《黄帝内经》兴趣小组指导老师、模拟医院顾问、浙江中医药大学《学生科技杂志》学术顾问等。鉴于全国高等中医药院校没有系统的高水平中西医操作技能教材，有关操作技能的内容散见在各学科教材之中，在一定程度上影响了高级中医人才的培养质量。根据中医高等教育及临床医疗的实际需要，徐珊教授组织教师编写了《中医病案学》与《临床基本操作技术》教材，并任主编，前者于1997年5月由上海科学技术文献出版社出版发行，后者于2001年2月由人民卫生出版社出版发行，并投入教学使用。讲究教学方法，授课形象生动，因材施教，为人师表，是学生认为授课质量最好的教师之一，学生学年综合评价曾达99.4分，名列第一，多次获校级优秀授课教师称号。

2003年浙江省教育厅开展首届浙江省高校教学名师的评选工作，学校组织了校级教学名师的评选。通过学生评教，评审对象授课，教授集中听课打

分等评审环节，徐珊教授名列第一，荣获浙江中医学院教学名师，推荐申报浙江省高校教学名师。2003年7月徐珊教授荣获首届浙江省高校教学名师奖荣誉证书。

虽然荣获了教学名师奖，但徐珊教授仍然严以律己，认真教学，传道解惑，一丝不苟，从其2008年所述之名师心得、名师寄语及名师名言中可见一斑。

1. 名师心得

从医36年，从基层到高校，深知"医乃仁术"之使命，从事医学教育教学，更深知"传道、授业、解惑"之责任。誉为"言医之祖"的《黄帝内经》即谈到"教"这一命题。《素问·著至教论》说："诵而颇（当为"不"字）能解，解而未能别，别而未能明，明而未能彰。"隋唐医家杨上善据此概之曰："习道有五：一诵、二解、三别、四明、五彰。"所谓诵者，即要精读熟记；解者，要联系理解；别者，要分析鉴别；明者，要融会贯通；彰者，要灵活运用。此五习道步骤，揭示了治学从教应当自粗至精，由浅入深，理论实践，循序渐进，以便练就扎实的教学基本功。

作为教师，从教的能力水平具有"三技"之不同境界。一是技术，教学内容熟悉，语言表达清晰，有效运用先进的教育技术与手段。二是技巧，熟能生巧，因材施教，方法灵活，信息量大，联系实际，融会贯通。三是技艺，形成独特而有效的教学风格，给学生以深刻的创新熏陶和艺术享受。

从教24年，努力从一门课、一节课做起，不断探索，博采众长，积累经验，成为一名忠诚于党的教育事业、深受学生欢迎的教师。

2. 名师寄语

《旧唐书·孙思邈传》载唐代名医孙思邈之名言"胆欲大而心欲小，智欲圆而行欲方"。其意既要有胆有识，当机立断，又要深思善辨，细心揣摩；既要灵活变通，不可墨守成规，又要志行方正，注重道德修养。这条富有辩证法思想的经验，也可视作治学从教的教风和学风。寄语共勉之。

3. 名师名言

教贵于精，责之于随。精者，精确、精练、精彩。随者，随便、随意、随流。师道无涯，学无止境。

第三节　授予中青年专家

浙江省人民政府为了更好实施人才强省战略，推进中青年人才队伍建设，进一步营造尊重劳动、尊重知识、尊重人才、尊重创造的社会氛围，激励全省广大中青年专业人才为浙江省经济社会发展，特别是在创新驱动发展战略中做出更大贡献，开展浙江省有突出贡献中青年专家选拔表彰工作。这个项目开始于1986年，到2005年浙江省人民政府对省突出贡献中青年专家表彰工作做了进一步规范，专门出台了选拔管理办法，规定浙江省有突出贡献中青年专家每两年选拔一次，每次选拔名额一般不超过50名。浙江省有突出贡献中青年专家必须热爱祖国，拥护社会主义，遵纪守法，有良好职业道德，模范履行岗位职责，年龄不超过55周岁，并具备下列条件之一。

（1）在自然科学研究中，学术造诣高深，取得的创造性研究成果，具有重要科学价值和应用前景，达到国内先进水平，并为国内同行所公认，或是获得国家自然科学奖四等奖以上课题的主要完成者。

（2）在工程技术领域特别是在高新技术领域，有重大发明创造或取得重要研究成果，并以市场为导向，在科技成果转化、推广应用及高新技术产业化方面做出重要贡献，创造了显著的经济效益或社会效益，或是获得国家发明奖四等奖以上或国家科技进步奖三等奖以上课题的主要完成者，省、部级科技进步奖一等奖或多项二、三等奖课题的主要完成者。

（3）在人文社会科学领域取得富有创见性的研究成果，丰富和拓展了学科的理论，对该学科或相关学科的发展产生较大推动作用，或为我省经济和社会发展解决重大难题，取得显著社会效益，并为国内同行所公认。

（4）在完成国家重点工程、重大科技攻关和在大中型企业技术改造，以及在消化引进高科技产品技术项目的设计、研制、建造、运行、管理中，解决关键技术问题，做出重大技术创新和重要贡献，学术、技术水平处于国内领先，取得了显著的经济效益或社会效益。

（5）在防病治病和临床工作中，技术精湛，在常见病、多发病和疑难危重病症的诊治中有重大贡献，诊治水平先进，疗效好，得到国内同行的公认。

（6）长期从事教育工作，在教学思想、教学理论、教学方法和教学管理上有独特创造，成绩显著，得到国内同行公认，或是省普通高校优秀教学成果一等奖的主要获奖者。

（7）长期在农业生产、科技推广第一线工作，在成果转化、技术改进和推广服务等方面取得优异成绩，为推动农业科技进步和农业经济发展做出突出贡献，取得显著经济效益和社会效益，在全国产生较大影响。

（8）在新闻出版、文化艺术、体育等领域取得优异成绩，或者为国家赢

得重大荣誉，对社会主义精神文明建设做出重大贡献，具有显著社会效益或经济效益，在国内同行中享有较高声誉。

徐珊教授长期从事教育和教学工作，在高等中医药教学思想、教学理论、教学方法和教学管理上有独特创造，成绩显著，取得了较大的人才培养效益，科学研究与临床工作成绩突出。主要表现在以下五个方面。

（1）徐珊教授在国内率先开展了中医药人才素质培养模式的研究，1996年主持浙江省哲学社会科学"九五"重点项目"21世纪中医药大学生人才素质的基本要求与培养途径的研究"，以素质教育为突破口展开中医药人才培养模式的改革，阐明了中医药人才综合素质的内涵，提出加强中医药大学学生素质教育的对策和应采取的措施，阐明了跨世纪中医药人才的培养方法和途径。通过研究与实践，出版了学术专著，运用于教育教学实践，得到国内专家的高度评价。研究成果先后获得国家级教学成果二等奖、浙江省省级教学成果一等奖和浙江省哲学社会科学优秀成果三等奖等。

（2）徐珊教授1998年开始主持国家中医药管理局"高等中医药教育面向21世纪教学内容和课程体系改革计划"项目，深入而全面地开展中医药课程建设与评价工作，提出课程建设以调整专业设置为龙头，以主要课程为重点，以教材、教学文件、教学方法、教学手段、教学管理，以及师资队伍为主要内容，具有重大的理论与现实意义。开展本项目的研究与实践，使课程建设等取得了明显的成效，促进课程、学科和专业的建设与提高。研究成果先后获得浙江省省级教学成果二等奖和浙江省教育科学"九五"规划重大研究成果二等奖等。

（3）徐珊教授除长期从事本专科生专业基础课的教学，作为博士生和硕士生指导老师，主带博士生12人，毕业获博士学位5人；硕士生28人，毕业获硕士学位21人。毕业的研究生中已有6人晋升为正高级专业技术职务，成为中医医疗、科研和教学的骨干。同时，作为浙江省名中医、浙江省保健委员会干部医疗保健专家和浙江省中青年名中医培养对象的指导老师，浙江省名中医带高徒计划，从2002年10月开始指导2名青年教师临床医疗，签订了为期3年的带教合同书，并按合同计划要求完成指导培养，2位教师已获浙江省卫生厅颁发的出师证书。从2005年11月开始指导浙江省中青年临床名中医培养对象，为期3年。一直以来，是学生认为授课质量最好的教师，综合评价优秀，荣获浙江省高等学校教学名师奖。

（4）徐珊教授开展中医药诊治脾胃病的基础与临床研究，主要有以下两个方面：①开展慢性胃炎证候学的研究。通过胃黏膜蛋白质表达与慢性胃炎不同证候的相关性研究，从基因、蛋白质组学角度揭示慢性胃炎不同证候的实质，从而提出分子水平的诊断学基础，建立微观的辨证指标体系。开展基因蛋白质组学与中医证候学的相关性研究，具有开创性与探索性的意义。②开展中医药诊治胃肠动力障碍性疾病的研究。胃肠动力障碍性疾病是近年来国内外医学界所关注的热点之一，中医药对胃肠动力紊乱性疾病的疗效和价值逐渐引起人们的重视，成为这一研究领域的亮点之一，对于临床具有较高的实用价值和指导意义。徐珊教授作为第一完成人的科研成果在 2002 年与 2006 年分别获得浙江省科学技术奖三等奖各 1 项，作为第三完成人的科研成果在 2004 年获浙江省科学技术奖三等奖 1 项。

（5）徐珊教授在中医药防病治病和临床工作中，技术精湛，在消化系统常见病、多发病和疑难病症的诊治中，水平先进，疗效满意，在病人中享有盛誉，得到同行的公认，是第四批浙江省名中医。

通过严格的选拔评审，徐珊教授榜上有名。2007 年 11 月 6 日浙江省人民政府授予徐珊教授浙江省有突出贡献中青年专家荣誉称号，这是浙江省规范省突出贡献中青年专家表彰工作之后，浙江中医药大学受到表彰的首位浙江省有突出贡献中青年专家。

第四节　指导老师传后人

名中医不仅仅是外在的荣誉光环，更是内在的医德、医术要有名。徐珊教授是这样想的，也是这样去努力践行的。教学、科研及其他的工作任务已相当繁重，因为病人口口相传，求诊者多，尤其是域外求诊者更多，徐珊教授常常提早上班，延迟下班，为病人提供更多的便利。他的承诺是接诊好每一位病人，尽其所能让每一位病人满意而归。徐珊教授主攻脾胃病，他认为要把具有中医特色与优势的专科专病做强做大，精选了癌前病变与功能性胃肠病，前者运用既病防变治未病的优势，达到阻断进而逆转的目标；后者发挥整体观念平为期的特点，获取恢复胃肠功能的疗效。科研与临床紧密结合，明显提高了治疗效果，有位患胃间质细胞瘤的病人，术后肿瘤抗原指标居高不下，CA72-4：506.7U/ml，脘胀纳少，口感辛辣，唇舌色紫，苔薄白腻，脉沉细弦。徐珊教授辨为湿浊内滞，胃络血瘀，治以化湿行瘀和胃。

处方：杏仁 9g，白豆蔻（后下）6g，生薏苡仁 30g，芦根 30g，红藤

30g，猫人参 15g，莪术 10g，半枝莲 15g，浙贝母 10g，炒黄芩 10g，猪苓 15g，茯苓 15g，佛手花 9g，厚朴花 9g，炒谷芽 15g。

上方随证加减治疗 3 月，CA72-4 恢复正常，诸症告平。嗣后每年冬令请徐珊教授开膏方调理摄生，目前身体康健，病人对治疗效果非常满意，称赞有加，发来短信表达敬意。徐珊教授回复病人的短信这样写道："行医治病作为终身挚爱的职业都会这样做的，不用客气，医患双方的目标都是为了把病治好。"寥寥数语，言简意赅，道出的则是患者健康与生命至上而为之努力服务的心声。

徐珊教授因在学术及临床上的成就，连续被聘任为浙江省中医药学会脾胃病分会副主任委员。2005 年 1 月被聘为浙江省保健委员会干部医疗保健专家，2005 年被聘为浙江省中青年临床名中医培养专家指导委员会委员，同时被聘为浙江省中青年名中医培养对象张爱琴主任中医师的指导老师，2009 年 10 月张爱琴主任中医师获浙江省中青年临床名中医证书。

为继承整理老中医药专家学术经验和技术专长，培养造就高层次中医药人才，研究、继承与发展中医药学术，国家中医药管理局"十一五"期间继续开展第四批全国老中医药专家学术经验继承工作。在各省、自治区、直辖市中医药管理部门和有关单位遴选推荐指导老师和学术继承人的基础上，2008 年 8 月国家中医药管理审核并确定徐珊教授为第四批全国老中医药专家学术经验继承工作指导老师，刘云霞、茹清静为学术经验继承人。

国家中医药管理局规定 2008 年 8 月～ 2011 年 11 月为继承工作指导带教期，徐珊教授按照《全国老中医药专家学术经验继承工作管理规定（试行）》，对学术经验继承人指导带教，如对学术经验继承人提交的每一份跟师学习心得体会，徐珊教授逐字逐句斟酌修改，并作点评，着力于提高学术经验继承人的基础理论水平与临床思辨能力。

如 2008 年 10 月对学术经验继承人的《脾胃病病因病机和治则治法》的跟师月记的点评：健脾法是治疗脾虚证的基本治法，对于健脾的认识最为紧要，健脾不在补，而关键在于运。运脾是通过补气加行气而实现。所以健脾之代表方以异功散更为妥帖。异功散为四君子汤加陈皮，近代医家张山雷《小儿药证直诀笺正》说道："此补中而能流动不滞，陈皮一味果有异功。"正是阐明其中之道理。

2008 年 11 月《脾胃病治疗要点：顺应脾胃特性、合理配伍升降、应从通降入手、顾护胃气为先》的月记点评：古人云："升降出入，无器不有。"

升降相宜，出入而序，则脏腑和调；反之则病逆而生。临床调理升降是常用且为有效之法。实现升降之目的，遣方用药一般有以下三种选择：①方药功能作用具有升提或和降的，如升之升麻，降之降香等。②药物质地轻重具有升降浮沉的，如花类药质地轻清大多升提，矿物类质地重沉，大多下降。③方药通过配伍而达到升降之作用。月记中所述的苦辛配伍，值得研究，细细玩味。

对学术经验继承人 2008 年 12 月的《膏滋方的经验》月记点评：近年来，冬令进补，膏方盛行，但观其方药，多有滋补叠进，有失允当。体会概括出"补治结合""补清结合""补行结合"和"补消结合"四结合的原则，我倍加倡导，此原则既可以用中医学的理论加以阐明，观其脉证，知犯何逆，随证治之，又符合疾病谱证候谱的变化，与时俱进。若调配膏方组成上能按此原则，或可避免膏方之走偏。

2011 年 11 月学术经验继承人学习期满，浙江省中医药行政管理部门组织同行专家成立考核小组，严格按照国家中医药管理局下发的继承人结业考核指标、考核方法和考核程序进行结业考核。经考核刘云霞、茹清静两位学术经验继承人成绩合格，准予出师，2012 年 9 月获人力资源社会保障部、国务院学位委员会、教育部、卫生部与国家中医药管理局联合颁发的出师证书。刘云霞还获得临床医学（中医师承）专业博士学位及国家中医药管理局颁发的第四批全国老中医药专家学术经验继承工作优秀继承人荣誉证书。

第四章

高超医术

徐珊教授从医 46 年，擅长中医内科，尤其在中医药诊治脾胃病证等方面有独到之处，疗效满意，在业内及病人中享有盛誉。

第一节　肿瘤康复显特色

消化道肿瘤是我国高发的肿瘤之一，虽然经过手术、放疗、化疗等的治疗，但是仍存在远期生存率和生存质量不高、后期复发转移等问题。徐珊教授临证博采众长，在肿瘤术后治疗、提高患者生存质量、控制复发转移等方面积累了丰富的临床治疗经验。

一、观整体，辨虚实，调和阴阳

肿瘤属于中医"积聚"范畴，其发病因素有两个方面：一为正气亏虚，二为邪毒内侵。《医宗必读·积聚》有云："积之成者，正气不足，而后邪气踞之。"正气亏虚是内因，主要责之于素体禀赋不足，脾肾亏虚；邪毒为外因，包括由六淫疫疬与饮食、七情、劳倦内伤等导致的痰毒、瘀毒、火毒、湿毒、寒毒等，肿瘤的发生发展是一个长期积累的过程。在多种因素作用下，机体正气与致病之邪毒相互斗争，相互作用，此消彼长。机体处于邪正交争导致的气血阴阳失衡，脏腑功能失调的虚实夹杂状态。本病早期，肝郁气滞，热毒内蕴，痰瘀互结，正气稍损；中期邪毒愈盛，而正气已伤；后期经手术、放疗、化疗或姑息疗法等治疗后，阴血津液耗伤，阳气不足，邪毒留恋。因此，徐珊教授临证强调整体辨治，根据不同的肿瘤，肿瘤不同阶段及不同病机特点，整体诊查，全面考虑，"观其脉证，知犯何逆，随证治之"。治疗上如《素问·至真要大论》所云"谨察阴阳所在而调之，以平为期"，即虚者益之，过者削之，复归于中。辨治关键在于寻求机体内在的平衡点。特别是对于一些带瘤生存的患者，治疗时应权衡机体与肿瘤、扶正与祛邪的关系，达到瘤安一隅，人与瘤和平共处的状态，使机体阴阳达到新的平衡。

二、扶正气，健脾运，平补缓图

"邪之所凑，其气必虚"，正气亏虚是肿瘤发生发展及后期复发转移的根本原因。《脾胃论》云："元气之充足皆由脾胃之元气无所伤，而后能滋养元气，若胃气之本弱，饮食自倍，则脾胃之气既伤，而元气亦不能充。"脾胃功能之盛衰是正气是否亏虚的关键。《医林绳墨》曰："脾胃一虚，则脏腑无所禀受，百脉无所交通，气血无所荣养，而为诸病。"脾胃虚弱，运化失司，水谷不化，湿浊内生，凝聚成痰，阻碍气机，气滞血瘀，日久血瘀痰凝毒聚，互结于内而成积块。脾胃虚弱，气血生化乏源，再加之手术、放疗、化疗等进一步损耗正气，致使邪毒进一步内侵，极易导致复发转移。因此，对于不同部位的肿瘤或肿瘤的不同阶段，徐珊教授都强调以健运脾胃为首要治则。若脾胃失其运化，真补亦难取得成效，脾胃运化如常，不补之中亦有真补存焉。脾运得健，水谷精微得化，气血生化有源，正气得复，祛邪外出，既能清除致病之源，防止复发转移，又能减轻患者痛苦，提高生存质量。

徐珊教授临证常用补脾、健脾、运脾、醒脾之法健运脾胃，振奋中州。脾气虚者，以黄芪、党参、炒白术等补脾益气；脾失健运，湿浊困脾者，以薏苡仁、茯苓、白豆蔻等健脾化湿；气机不畅，脾运阻滞者，以厚朴花、玳玳花、绿梅花等理气运脾；脾胃不和，食滞于内者，以炒谷芽、炒麦芽、山楂、神曲等醒脾和胃。同时，健脾不忘顾护胃阴，以北沙参、麦冬、玉竹等甘凉濡润之品养胃阴，津液来复，通降自顺。肿瘤病之初期，邪毒较盛，不宜峻补，以防邪毒滞留机体；病之后期，正气极虚，不宜过于滋腻，以防虚不受补。徐珊教授扶正健运脾胃提倡运用药性轻灵平和之品，平补缓图。

三、祛浊毒，别脏腑，泻不伤正

肿瘤之病深，邪毒亦深。邪毒是肿瘤发生发展及后期复发转移的关键因素。起病之初，机体在各种致病因素作用下，气血失调，阴阳失衡，痰凝血瘀毒聚，缠绵胶着，且发展迅速，走窜经络，阻塞气机，侵袭他脏。手术之后，尽管肿块已去，但是蛰伏于脏腑、经络、骨髓、皮肉之余毒仍在，术后放疗、化疗等又增药毒之邪，若遇正气亏虚，正不抑邪，则余薪复燃，导致复发转移。正如《温疫论》所云："无故自复者，以伏邪未尽。"邪毒既是肿瘤的致病因素，又是病理产物，戕害机体。因此，祛除邪毒是肿瘤治疗与康复的关键。

肿瘤患者病机复杂，常常湿热、痰浊、血瘀杂合为病，徐珊教授称之为"浊毒"。临证祛除浊毒之邪常根据浊毒如热毒、痰湿、气结、血瘀的侧重点有别、肿瘤发生的部位如食管、胃、结肠等的差异选择不同的治法，如清热化痰、祛瘀散结等。徐珊教授临床常用香茶菜、半枝莲、半边莲、藤梨根、白花蛇舌草、猫人参等清热解毒；半夏、浙贝、猫爪草、山慈菇等化痰散结；延胡索、桑黄、红藤等祛瘀止痛。此外，徐珊教授临证慎用穿山甲、地鳖虫等峻猛搜剔破积的动物类药，以防猛药伤正。强调祛邪应根据肿瘤患者的年龄、体质、肿瘤的性质、分期、是否手术、有无放疗、化疗等，综合辨治，合理配伍扶正祛邪之品，以扶正不恋邪，祛邪不伤正为度。

四、畅气机，调肝脾，行贯始终

情志失畅，气机失调是肿瘤发生发展及复发转移不可忽视的因素。肿瘤患者长期精神抑郁、紧张焦虑，首先影响肝脏疏泄条达，进而阻碍脾胃气机升降，导致水谷精微无以化生，气血生化乏源，机体正气虚弱，难以抗邪外；运化无力，痰浊内生，日久化热成瘀，进一步阻碍气机运行，形成恶性循环，加重肿瘤发展。因此，疏肝理气，调畅脾胃气机在肿瘤各阶段的治疗中必不可少。肝气得疏，则鼓舞脾胃之气机，如王孟英在《读医随笔》中说："凡脏腑十二经之气化，皆必借肝胆之气以鼓舞之，始能调畅而不病。"脾胃为气机升降之枢纽，脾升胃降，则全身脏腑气机通畅，如《四圣心源》言"脾升则肾肝亦升，故水木不郁；胃降，则心肺亦降，故金火不滞，火降则水不下寒，水升则火不上热。平人下温而上清者，以中气善运也。"

徐珊教授认为肿瘤之气机失调有异于其他病证，乃中气已虚，气机郁滞之证，治法当参《四圣心源》所云："补之则愈闷，破之则愈结，盖其本益虚，其标益实，破之其本更虚，补之其标更实，是以俱不能效。善治者……半补而半行之，补不至于壅闭，行不至于削伐，正气渐旺，则积聚消磨矣。"故临证常以黄芪、党参、太子参、茯苓等坐镇中州，辅以疏肝理气之香附、木香、绿梅花、玳玳花、佛手花，和胃助运之山楂、神曲、鸡内金、莱菔子等，促进中焦脾胃气机升降，使枢机轮转，四维周流，周身之气畅行。若伴有嗳气、恶心呕吐等症，以旋覆代赭汤降逆胃气；伴有脘腹胀痛者，以木香、大腹皮、莪术等行气消积止痛。

五、固本元，护胃气，改善预后

肾为先天之本，脾为后天之本，两者互相滋养。脾之健运有赖于肾阳的温煦和推动，肾精的充足需要脾所化生精微物质的不断充养。肿瘤病久必及于肾，脾肾两虚，不能互相滋养。肾阳不足，则无力推动脾之运化，湿浊内生，日久痰瘀浊毒积聚，是术后复发转移的根本所在。因此，徐珊教授对于肿瘤后期患者注重滋肾固本，常用鹿角片、淫羊藿、补骨脂、菟丝子等温肾暖脾，以助运化；以黄精、麦冬、石斛等滋养肾水，平调肾中水火，扶正固本，既病防变，防止肿瘤复发转移。

胃气的有无对于肿瘤的预后至关重要，有胃气则生，无胃气则死。肿瘤是一种消耗性疾病，消化道肿瘤更会妨碍脾胃的消化吸收功能，形成恶病质，加速机体器官功能衰竭。中医认为，保一分胃气，便有一分生机。因此，在治疗上时刻注重顾护胃气，提高患者的消化吸收能力，使脾胃生化之源不竭。徐珊教授在患者术后早期或饮食不下之时用四君子汤加鸡内金、神曲等健脾和胃之品；若出现湿浊食积，则以炒薏苡仁、枳壳、厚朴花、炒莱菔子等化湿行气导滞，帮助恢复脾胃功能，有利于改善生活质量，促进肿瘤康复。

六、验案举隅

（一）食管癌2则

案一 徐某，男，47岁。初诊日期：2016年2月21日。患者因"进食

哽噎2月"而于2015年11月25日在第二军医大学第二附属医院行食管大部切除、胃食管右胸顶吻合术，术后病理：食管鳞状细胞癌，中分化，浸润至深浅肌层交界处，淋巴结（2/3）（＋）。刻诊：面色萎黄，神疲乏力，胃脘不适，恶心纳差，口苦，舌淡暗，苔腻，边有齿痕，脉弦细。证属脾胃虚弱，浊毒内蕴。治宜补气健脾，清热化浊。

处方：炒党参30g，炒白术15g，茯苓15g，姜半夏9g，姜竹茹10g，浙贝母10g，猫爪草15g，炒黄芩10g，香茶菜15g，半枝莲15g，木蝴蝶5g，佛手花10g，绿梅花9g，桑黄15g，炒谷芽15g。14剂，水煎服。

2016年4月10日二诊：诉恶心已除，胃纳好转，略有口干，前方去党参、佛手花，加猪苓15g、黄芪30g、太子参30g。再进14剂。

2016年8月7日三诊：诉自二诊以来，诸症已去，然近日大便溏薄，嗳气明显，舌淡暗，苔腻，边有齿痕，脉弦细。证属脾胃虚弱，肝脾不调。治宜抑木扶土，和胃止泻。

处方：黄芪30g，炒党参15g，炒山药15g，炒白术15g，炒白芍15g，炒防风6g，姜半夏9g，姜竹茹10g，炒黄连5g，炒木香10g，炒薏苡仁30g，木蝴蝶5g，厚朴花10g，半枝莲15g，香茶菜15g，三叶青9g，猫爪草15g，桑黄15g，煅代赭石30g，旋覆花（包煎）10g。14剂，水煎服。

2016年9月4日四诊：诉大便已经成形，嗳气减少，前方去炒党参、姜半夏、黄连、木蝴蝶，加太子参30g，浙贝母15g，炒黄芩10g，鸡骨草15g。14剂，水煎服。

以上方为基础，随证投以八月札、丹参等理气消瘀及黄精、山茱萸等滋肾之品，体力逐渐恢复，症情稳定，至2018年7月复查肿瘤抗原指标正常，CT及胃镜检查未见复发转移迹象。

按 患者中年，肿瘤术后，脾胃气虚，余毒未尽。脾胃气虚，运化无力，气血生化不足，故见纳差，神疲，面色萎黄，余毒未尽，阻滞气机，故恶心，胃脘不适。徐珊教授治以四君子汤益气健脾，半夏、竹茹、浙贝、猫爪草化痰散结，炒黄芩、香茶菜、半枝莲清热解毒，木蝴蝶、佛手花、绿梅花调畅气机，佐以桑黄活血祛瘀，炒谷芽和胃助运。后期胃肠功能紊乱，在健运脾胃、清除余毒的基础上，加用痛泻要方抑木扶土，香连丸化湿行气止泻，旋覆代赭汤降逆胃气。诸药合用，扶助正气，顾护胃气，清除余邪，恢复脾胃纳运之功能，有效防治肿瘤复发转移。

案二 姜某，男，62岁。初诊日期：2016年8月7日。患者因食管恶性肿瘤于2012年3月19日行食管切除术。刻诊：脘腹隐痛，大便黏滞不成形，舌淡红苔少，脉细弦。证属气阴两虚，湿热浊滞。治宜益气养阴，清热化浊。

处方：黄芪30g，北沙参30g，黄连5g，炒木香10g，姜竹茹10g，生薏苡仁30g，延胡索15g，木蝴蝶5g，厚朴花10g，香附10g，鸡骨草15g，香茶菜15g。14剂，水煎服。

2016年9月18日二诊：诉脘腹隐痛已去，大便不成形，前方去黄连、木蝴蝶、延胡索、香茶菜，加三叶青6g，姜半夏9g，炒黄芩10g，天龙2条。14剂，水煎服。

2016年11月13日三诊：诉大便性状好转，仍有不成形，前方去姜半夏、木香、香附、薏苡仁，加煅牡蛎30g，制黄精15g，扁豆花10g，丝瓜络6g。14剂，水煎服。

2017年2月26日四诊：诉大便基本成形，自觉口苦口干，前方去煅牡蛎、黄精、丝瓜络，加芦根30g，钩藤10g，芡实15g。14剂，水煎服。

以上方为基础，继续服用中药，随访至今，病情稳定。

按 患者肿瘤术后，气阴不足，湿热浊滞，故见脘腹隐痛，大便黏滞不成形。以黄芪、北沙参益气养阴，黄连、竹茹、薏苡仁清化湿热，木香、香附、木蝴蝶、厚朴花理气止痛，延胡索活血止痛，鸡骨草、香茶菜清热解毒，以防余毒留恋，诸药并用，扶正祛邪并进。症状改善后又以黄精、芡实滋肾涩肠，固本防复。

（二）胃癌4则

案一 张某，男，59岁。初诊日期：2017年5月6日。患者于2015年8月25日因膀胱恶性肿瘤行手术治疗。2016年8月25日又因胃恶性肿瘤（中低分化）手术治疗，术后化疗6次，癌胚抗原13.78ng/ml。刻诊：口舌不适，时感麻木，苔薄脉细。证属气阴两虚，浊滞不化。治宜益气养阴化浊。

处方：生黄芪30g，太子参15g，麦冬12g，制玉竹12g，桑黄15g，香茶菜15g，半枝莲15g，土茯苓15g，佛手花9g，厚朴花9g，郁金10g，怀牛膝10g，三叶青6g，梅花5g，生薏苡仁30g。14剂，水煎服。

2017年5月20日二诊：诉口舌麻木好转，口中黏腻。前方去佛手花、

浙江中医临床名家·徐珊

厚朴花、怀牛膝，加玳玳花 6g，炒枳壳 10g，砂仁（后下）6g。14 剂，水煎服。

2017 年 10 月 21 日三诊：诉服药后口舌麻木、口中黏腻均好转，近日乏力纳差。前方去土茯苓、炒枳壳、砂仁，加浙贝母 10g，猫爪草 10g，厚朴花 10g，炒谷芽 15g，红景天 10g，余甘子 10g，炒川芎 10g。30 剂，水煎服。

2018 年 2 月 24 日四诊：诉服前方后口舌麻木感已消失。前方去太子参、制玉竹、三叶青、余甘子、炒川芎，加北沙参 15g，制黄精 15g，扯根菜 10g，猫人参 15g，藤梨根 15g。30 剂，水煎服。

以上方为基础，继续服用中药，2018 年 4 月 8 日复查癌胚抗原（CEA）4.63ng/ml，已降至正常。

按 本案多次手术及化疗耗伤正气，气阴两虚，无力抗邪外出，痰热瘀滞之浊毒留恋，阻滞经络，故口舌麻木。以生黄芪、太子参、麦冬、制玉竹益气养阴，香茶菜、半枝莲、三叶青清热解毒，佛手花、厚朴花、梅花理气和胃，土茯苓、生薏苡仁化湿健脾，桑黄、郁金、怀牛膝化瘀通络，诸药合用，益气养阴化浊，标本兼治。随症状好转，又投以红景天、北沙参、黄精、藤梨根等补气养阴益肾，兼以清余毒，以巩固疗效。

案二 陈某，女，47 岁。初诊日期：2016 年 10 月 18 日。患者于 2016 年 7 月 15 日因胃恶性肿瘤行手术治疗，术后病理显示低分化腺癌及印戒细胞癌。肿瘤指标 CA125 升高，血红蛋白和红细胞数均降低。刻诊：食多脘胀，平卧则减，更衣不畅，面色少华，苔中薄腻，脉沉而细。证属气虚浊滞。治宜益气化浊。

处方：黄芪 30g，党参 15g，生白术 30g，炒枳壳 10g，厚朴 10g，香茶菜 30g，半枝莲 15g，生薏苡仁 30g，三叶青 9g，瓜蒌子 30g，火麻仁 15g，梅花 9g，八月札 10g，柴胡 6g，升麻 6g。14 剂，水煎服。

2017 年 3 月 7 日二诊：诉服药后大便已通畅，食多脘胀亦好转，近日自觉乏力，口苦，面色少华，前方去生白术、炒枳壳、厚朴、三叶青、瓜蒌子、火麻仁、梅花，加猪苓 12g，茯神 9g，郁金 10g，三七花 6g，佛手 10g，厚朴花 9g。14 剂，水煎服。

2017 年 6 月 20 日三诊：诉口苦好转，仍有神疲乏力，面色少华，前方去炒党参、三七花，加太子参 15g，鹿角片 10g，蛇舌草 15g，制黄精 15g，木蝴蝶 3g。14 剂，水煎服。

2017 年 12 月 5 日四诊：诉乏力好转，前方去猪苓、鹿角片、蛇舌草，加余甘子 10g，炒谷芽 15g，三叶青 6g。14 剂，水煎服。

以上方为基础，继续服用中药，肿瘤指标 CA125 下降，血红蛋白和红细胞数均有上升，症情稳定。

按 本案肿瘤术后 3 月，脾胃气虚，运化失司，故食多脘胀；气血生化乏源，则面色少华；气机升降失常，推动无力，则更衣不畅。徐珊教授取补中益气汤之意，塞因塞用，健脾益气佐以润肠行气之品恢复脾胃功能，辅以三叶青、蛇舌草等以防余毒留恋，后又佐以鹿角片、黄精等补肾之品，肾充脾暖，则运化有常，气血生化有源，机体功能得复。

案三 李某，男，59 岁。初诊日期：2018 年 3 月 29 日。患者胃恶性肿瘤术后，嗳气泛酸，更衣不畅，形体消瘦，苔白脉细。证属脾虚浊滞，胃腑失和。治宜健脾化浊，和胃降逆。

处方：炒党参 15g，炒白术 15g，姜半夏 9g，姜竹茹 10g，炒白芍 15g，八月札 10g，炒木香 10g，炒黄连 6g，吴茱萸 3g，厚朴花 10g，香茶菜 30g，扯根菜 10g，浙贝 10g，炒海螵蛸 15g，降香（后下）6g。14 剂，水煎服。

2018 年 6 月 14 日二诊：诉服上方后诸症好转，近日胃脘隐痛，前方去姜半夏、炒白芍、降香，加苏梗 10g，炒赤芍 15g，延胡索 15g。14 剂，水煎服。

2018 年 7 月 6 日三诊：诉大便已成形，脘胀嗳气，前方去炒党参、苏梗、炒赤芍、炒木香、炒黄连、吴茱萸、扯根菜、炒海螵蛸、延胡索，加太子参 15g，麦冬 12g，制玉竹 12g，炒黄芩 9g，龙腑叶 10g，生谷芽 15g，绿梅花 3g，木蝴蝶 3g，香茶菜 15g。14 剂，水煎服。

2018 年 7 月 20 日四诊：诉脘胀嗳气好转，前方去制玉竹、龙腑叶、生谷芽、八月札，加柴胡 10g，土圞儿 9g，炒白芍 15g，香附 10g，海螵蛸 10g。14 剂，水煎服。

按 本案脾气虚弱，运化无权，湿浊内生，日久郁热成痰，阻碍气机升降。胃之浊气不降，上逆则嗳气泛酸，脾之清阳不升，湿浊蕴肠则更衣不畅。以党参、炒白术健运脾土，炒白芍、八月札、厚朴花柔肝理气，黄连配伍木香燥湿行气止泻，配伍吴茱萸兼清肝胃郁热，姜半夏、姜竹茹化痰和胃，浙贝、炒海螵蛸抑酸护胃，香茶菜、扯根菜清热解毒。症状好转以后，仍以健脾化浊、顾护胃阴为治则调理，随访至今，症情稳定。

案四 俞某，女，55 岁。初诊日期：2018 年 6 月 28 日。患者因胃恶性肿瘤分别于 2017 年 5 月 2 日和 2017 年 6 月 7 日行手术治疗，术后病理

示低分化腺癌。刻诊：脘腹作胀，嗳气频仍，更衣不畅，西医检查示吻合口水肿，苔薄白腻，脉沉细弦。证属脾胃虚弱，湿热内滞。治宜和脾胃，清湿热。

处方：杏仁9g，砂仁（后下）6g，生薏苡仁30g，芦根30g，姜半夏9g，姜竹茹9g，浙贝10g，蒲公英15g，车前草30g，扯根菜10g，香茶菜15g，生白术12g，炒枳壳10g，绿梅花5g，炒黄芩10g，瓜蒌子15g，厚朴9g，苁蓉10g。7剂，水煎服。

2018年7月5日二诊：诉脘胀嗳气好转，夜寐欠安，前方去姜半夏、姜竹茹、蒲公英、车前草，加茯神9g，郁金10g，合欢花9g，龙齿（先煎）15g。7剂，水煎服。

2018年7月12日三诊：诉大便较前通畅，前方去砂仁、厚朴，加豆蔻（后下）6g，炒木香6g。7剂，水煎服。

2018年8月2日四诊：8月1日复查全腹部CT增强扫描显示胃癌术后改变，未见明显复发及转移。血生化检查示：谷丙转氨酶60U/L，谷草转氨酶55U/L，前方去杏仁、豆蔻、扯根菜、龙齿，加平地木15g，垂盆草30g，余甘子6g，紫贝齿（先煎）12g。7剂，水煎服。

按 本案湿热内滞病之标，脾胃虚弱病之本。脾胃虚弱，湿热内滞，气机不畅，胃气上逆则脘胀嗳气，热结肠道，津液受损，肠道失润，则更衣不畅。徐珊教授以三仁汤清热化湿，通调三焦气机，枳术丸行气化湿调升降，辅以清热化痰、润肠通便之品清余毒、和肠胃。后以此方为基础，随症加减，巩固疗效。

（三）结肠癌2则

案一 胡某，女，60岁。初诊日期：2017年9月26日。患者结肠恶性肿瘤，术后病理示中-低分化腺癌，部分黏液腺癌，八次化疗结束后。刻诊：神疲乏力，夜寐欠安，苔薄脉细。证属气阴两虚，浊滞不化。治宜益气养阴化浊。

处方：黄芪30g，北沙参15g，生薏苡仁30g，无花果15g，扯根菜10g，猫爪草15g，藤梨根15g，半枝莲15g，茯神15g，合欢皮10g，生龙骨（先煎）30g，柏子仁10g，地锦草15g，厚朴花10g，梅花6g。30剂，水煎服。

2017年11月28日二诊：患者服用中药2月后，诸症好转，CA199、谷酰转肽酶升高，前方去半枝莲、合欢皮、地锦草，加蛇舌草15g，平地木

15g，鸡骨草 15g。30 剂，水煎服。

2018 年 1 月 16 日三诊：患者服用中药 2 月后，诸症好转，前方去北沙参、平地木，加百合 10g，合欢花 10g。30 剂，水煎服。

2018 年 3 月 13 日四诊：患者服药 2 个月，复查 CA199、谷酰转肽酶均已正常，前方去百合、无花果、蛇舌草，加炒白术 15g，三叶青 6g，八月札 9g。30 剂，水煎服。

按 患者结肠恶性肿瘤术后化疗后，气阴不足，浊毒留恋，扰动心神，故寐劣欠安。以黄芪、北沙参益气养阴，无花果、扯根菜、猫爪草、藤梨根、半枝莲等清热解毒化痰，以除浊毒，茯神、合欢皮、生龙骨、柏子仁宁心安神，佐以厚朴花、梅花理气不伤正之品，后又以平地木、鸡骨草护肝降酶。诸药合用，标本兼治，减毒增效。

案二 邓某，男，52 岁。初诊日期：2015 年 11 月 17 日。患者结肠恶性肿瘤，于 2015 年 4 月 28 日行手术治疗。刻诊：下腹胀痛不适，肠镜示结肠息肉，舌红稍紫，苔薄白腻，脉沉细弦。证属湿热瘀滞。宜清湿热，和肠胃。

处方：红藤 30g，生薏苡仁 30g，藤梨根 15g，猫爪草 15g，夏枯草 10g，浙贝 10g，生牡蛎（先煎）30g，蛇舌草 15g，猫人参 15g，厚朴花 10g，佛手花 9g，香附 10g，路路通 10g，梅花 6g，猪苓 15g，茯苓 15g，莪术 10g，生山楂 15g。28 剂，水煎服。

2015 年 12 月 29 日二诊：诉服药 1 月后，诸症好转，前方去香附、莪术，加八月札 10g，郁金 10g。7 剂，水煎服。

2016 年 3 月 23 日三诊：诉下腹胀痛已无，近日感胸胁不适，肝功能异常，前方去蛇舌草、佛手花、路路通、生山楂，加马鞭草 15g，鸡骨草 15g，水红花子 15g，荷包草 15g。7 剂，水煎服。

2016 年 10 月 25 日四诊：患者服用上方后肝功能恢复正常，近日又有咳嗽，前方去藤梨根、马鞭草、郁金，加木蝴蝶 5g，肺形草 15g，溪黄草 15g。7 剂，水煎服。

以上方为基础，随症加减，随访至今，症情稳定。

按 本案肿瘤术后，邪毒未清，湿热瘀滞，日久结块，阻碍气机，不通则痛，出现下腹胀痛之症。以红藤、生薏苡仁解毒化湿，祛瘀止痛，藤梨根、猫爪草、夏枯草、浙贝、生牡蛎、蛇舌草、猫人参清热化痰、软坚散结，厚朴花、佛手花、香附、梅花理气止痛，路路通、莪术、生山楂加强通络祛瘀止痛之功效。

浙江中医临床名家·徐珊

诸药合用，清热化湿，软坚散结。湿热之邪流注肝胆，肝胆经络阻滞，疏泄失常，则胸胁不适，药用马鞭草、鸡骨草、水红花子、荷包草等清肝胆湿热，兼以降酶护肝。

第二节　逆转肠化治未病

胃黏膜肠化生是肠型上皮细胞取代胃黏膜上皮细胞的病理状态，是胃癌发生过程中的重要阶段，1978 年世界卫生组织已将其列为胃癌的癌前病变。中医学对本病没有对应的中医病名，根据其临床表现属于"胃痛""胃痞""嘈杂"等范畴。徐珊教授对此类疾病的治疗积累了丰富的临床经验。

一、审证求因，明辨虚实

本病病位在胃，与脾肝密切相关。脾胃同居中焦，脾主运化，喜燥恶湿，胃主受纳，喜润恶燥。脾宜升则健，胃宜降则和。脾胃之气升降相因，燥湿相济，共同完成水谷的运化及精微物质的吸收转输。《幼幼新书·乳食不下》云："脾胃二气合为表里，胃受谷而脾磨之，二气平调则谷化而能食。"脾胃气机升降与肝木的疏泄调达密切相关，正如《沈氏尊生书》说："胃痛，邪干胃脘病也……唯肝气相乘为尤甚，以木性暴，且正克也"。若脾失健运，胃失和降，肝气疏泄太过或不及，肝木乘土，侵犯脾胃，则气机郁滞，或蕴生痰浊，或酿湿生热，久则入络成瘀，出现胃脘痛、痞满、嘈杂、泛酸等临床表现。

本病病机是虚实夹杂、本虚标实，脾胃虚弱为本，气滞、湿阻、血瘀、热毒为标。其发病与先天禀赋不足、脾胃素虚、饮食不节、外邪侵袭、情志不畅、劳倦内伤等有关。《素问·评热病论》曰："邪之所凑，其气必虚"。素体脾胃虚弱，则各种外因易于侵袭脾胃而致病。长期饮食不节如饥饱失常、嗜食肥甘厚味、辛辣煎炸之品及烟酒等食物，易损伤脾胃。《素问·痹论》："饮食自倍，肠胃乃伤"。《医学正传·胃脘痛》："初致病之由，多因纵恣口腹，喜好辛酸，恣饮热酒煎炼，复餐寒凉生冷，朝伤暮损，日积月深，自郁成积，自积成痰，痰火煎熬……妨碍升降，故胃脘疼痛，吞酸嗳气，嘈杂恶心。"脾运失健，痰湿内生，郁久则化热，湿热阻碍气机，耗伤津液，临床可见胃脘疼痛、口苦、口中气秽或黏腻、脘胀不适、更衣不爽、苔腻等症状。当今社会，繁重的生活压力和快节奏的生活方式使人们长期情志不舒，或因对本病缺乏认识，谈癌色变，被确诊为本病后心理压力过重，均会导致肝气郁滞，失于疏泄，横逆犯胃，胃失和降，脾胃气机失常，运化失司而为病。临床可见脘腹作胀、嗳气不舒、胁肋疼痛、苔白脉弦之象。《丹溪心法》有云："郁而生热，或素有热，虚热相搏，结郁于胃脘而痛"，肝气郁结日久而化热，热邪犯胃，肝胃郁热，胃之通降受阻，胃气壅遏，不通则痛。肝郁化火，胆腑郁热，胆汁排泄亦受影响，临床可见脘宇不适、反酸、嘈杂时作、舌质偏红之症。本病病程较长，迁延难愈，最易变生他证。气滞湿阻均可阻碍气机，气机不畅则血运不行，《寿世保元》有言："气有一息之不运，则血有一息之不行"，叶天士在《临证指南医案》中提到："大凡经主气，络主血，久病血瘀"，"初为气结在经，久则血伤入络"。因此，日久则瘀血内结，临床可见胃脘刺痛，痛有定处，按之痛甚，痛时持久，食后加剧，入夜尤甚，舌质紫暗或有瘀斑，脉细涩。湿热肝火之热毒易耗伤津液，久则胃阴不足，或本为阴虚内热之体，兼夹湿热，临床可见胃脘部隐痛，口干，泛酸，嘈杂等症状。

综上所述，本病因虚感邪，由邪致虚，虚实夹杂，病情复杂，徐珊教授在辨证时详审病机，明辨阴阳，将本病分为肝胃不和证、肝胃郁热证、脾胃湿热证、胆郁痰扰证、瘀血停胃证、胃阴不足证、脾胃虚弱证、气阴两虚证等基本证型。诊断时首辨主证，兼顾他证，明辨虚实，对证用药。

二、临证化裁，圆机活法

徐珊教授从事临床工作46载，善于辨证，用药灵活，方证相应，圆机活法，形成了治疗本病的特色。

（一）理气和胃，顺应脾胃特性

脾的升清与胃的降浊相辅相成，共同维持胃肠道的正常生理功能。若脾气不升，则浊气不降，而浊气不降，必然影响脾气的上升，所谓"清浊相干而作病矣"。脾宜升、宜健、宜燥、宜温、宜补，胃宜降、宜和、宜润、宜清、宜泄。两者既对立又统一，脾升是胃降的前提，胃降是脾升的保证。因此，治疗本病的关键在"和"，只有升降相宜，气机通畅，才能恢复脾胃正常功能。因此，徐珊教授在临证用药时遵循脾胃气机升降的规律，顺应药物升降浮沉

之特性，或因势利导，或逆向调整，使异常升降状态恢复正常。

（二）衷中参西，辨病辨证结合

徐珊教授认为本病不同于普通胃病，在辨证论治的同时还特别注重病证结合，善于将胃镜检查和病理报告与临床症状结合起来，因此在上述辨证用药的基础上，注重现代药理研究具有抗癌作用中药的运用。对于病理检查已经形成肠化、增生的癌前病变，徐珊教授常用的抑制癌变药物有香茶菜、半枝莲、半边莲、藤梨根、猫爪草、白花蛇舌草等；幽门螺杆菌（HP）感染者加用蒲公英、车前草、黄芩、黄连等抑菌药；反酸明显兼内镜下见黏膜糜烂、出血者，加用海螵蛸、浙贝、木蝴蝶等抑酸护胃。

（三）久病入络，化瘀贯穿始终

本病病程较长，迁延反复。叶天士明确指出"久病入络"，"久病必有瘀"。结合内镜下表现，现代医家认为胃络瘀阻是本病的病理基础。徐珊教授也提出无论是气滞、湿阻、郁热，还是气虚、阴虚，均可通过引起胃腑通降失常或胃络血运不畅而形成胃络瘀阻之证。此外，患者大多见舌质紫暗，或暗红，或淡暗，或有瘀斑，舌下静脉增粗、曲张。然而，临床上单纯血瘀证并不多见，常伴发于其他证候，诊断时可不必拘泥于瘀血证的全部症状和体征。活血化瘀可贯穿于整个治疗过程，应在辨证基础上与其他治法联合运用，祛瘀生新，促进局部血液运行，有助于胃黏膜修复。临床常用延胡索、郁金、丹参饮、失笑散等活血化瘀止痛。

（四）合理配伍，药性轻柔平和

《素问·平人气象论》云："平人常禀气于胃，胃者，平人之常气也。人无胃气曰逆，逆者死……"人以胃气为本，本病脾胃既病，胃气已伤，不堪重剂再创。因此，在临证用药上，徐珊教授注重脾胃特性，强调"治中焦如衡，非平不安"，用药轻灵流通，配伍合理，寒温并用，苦辛并施，升降相宜。力求补脾胃而不生滞，清热谨防苦寒伤胃，燥湿谨防过燥伤阴，理气但不伤阴，养阴不忘健运，活血兼顾养血。如在用北沙参、麦冬、玉竹等甘寒濡润养阴之品时不忘佐以川朴花、绿梅花、玫瑰花等理气不伤阴之品，使补而不滞；用旋覆花、代赭石等降逆之品与木蝴蝶等轻清上升之品配伍，顺应脾胃升降之机。

（五）巧用药对，协同反制增效

药对又称"对药"，首创于张仲景的《伤寒杂病论》，一般由两味组成，是临床常见的药物复合形式，徐珊教授临证喜用药对，和调脾胃。常用药对如下。

（1）姜半夏和姜竹茹：半夏辛温，有燥湿化痰，降逆止呕之功；竹茹甘寒，有清热化痰，除烦止呕之效。半夏温燥，化痰之力强，竹茹甘凉，清润之力佳，两药合用，竹茹可防半夏过于辛温伤津，半夏可制竹茹过于寒凉败胃，寒热并用，效如桴鼓。

（2）浙贝母和海螵蛸：出自《屠金城方》甘麦乌贝散，浙贝母苦寒，能清热化痰，散结消肿；海螵蛸咸温，能收敛止血，制酸止带。两药合用，一清一收，共奏清热收敛之功，具有促进溃疡面修复之效。

（3）蒲公英和车前草：蒲公英性味苦寒，朱丹溪于《本草衍义补遗》言："化热毒，消恶肿结核，解食毒，散滞气"，《医林纂要探源》称其"补脾和胃"，清而不伤正；车前草性味甘寒，清热利湿，两药合用，清热燥湿之力明显，对治疗幽门螺杆菌感染疗效明显。

（4）柴胡和炒白芍：出自《太平惠民和剂局方》，柴胡苦寒，有疏肝解郁之功，《本草新编》称其为"阳中之阴"；白芍苦酸，微寒，有平肝敛阳之效，《本草新编》称其为"阴中之阳"，两药合用，疏肝开郁之力强，"肝平则不克脾胃，而脏腑各安"。

（5）杏仁、白豆蔻和生薏苡仁：出自《温病条辨》之三仁汤，杏仁苦温，开宣上焦，气化则湿亦化；白豆蔻性味辛温，芳香化湿，行气宽中，宣畅中焦气机；薏苡仁性味甘凉，淡渗健脾，使湿热从下焦而去。三药合用，寓意"宣上、畅中、渗下"之机，使三焦气机运化，则湿尽去。

三、既病防变，六法选用

徐珊教授根据本病的发病特点和患者的临床表现，提出治疗本病的核心在于祛除病邪，截断病情发展，既病防变，充分体现中医"治未病"的预防观。截断病情的关键在于恢复脾胃功能，脾胃功能正常运行与脾胃升降相因、纳运相助及燥湿相济息息相关。因此，徐珊教授在治疗中注重调和脾胃功能，以疏肝理气、清肝和胃、清热化湿、豁痰解郁、养阴化浊、益气养阴、行气

化瘀等法达到和胃之效。

（一）疏肝理气法

《临证指南医案》中说："脾胃之病，虚实寒热，宜燥宜润，固当详辨，其升降二字，尤为紧要。"因此，调和脾胃首先在于调畅脾胃气机。《临证指南医案》曰："肝为起病之源，胃为传病之所。"情志不遂，肝气郁结，肝失条达，疏泄失职，最易影响脾胃气机，使中焦之气壅塞不行。"中焦如沤"，若中焦气机不畅，运化失权，则水谷精微无以化生，脾气亦不得散精于全身，故症见脘腹作胀，纳食不馨，嗳气不舒之肝胃不和，当治以疏肝和胃，方选柴胡疏肝散加减，药用柴胡、香附、白芍、香橼、木香、佛手花、绿梅花、玫瑰花等。嗳气明显者加旋覆花、代赭石；胃脘疼痛加延胡索。

郑某，男，60岁。初诊日期：2017月12月28日。患者近1月余来上腹部胀满疼痛，口苦不适，苔白脉弦。2017年12月6日胃镜检查提示：慢性萎缩性胃炎伴糜烂，病理诊断："胃窦"黏膜慢性炎，慢性炎性反应（+）、活动性（-）、萎缩（-）、肠化（+）、幽门螺杆菌（-）；"胃角"黏膜慢性炎，慢性炎性反应（++）、活动性（-）、萎缩（+）、肠化（+++）、幽门螺杆菌（-）。证属肝胃不和证。治宜疏肝理气和胃。

处方：柴胡9g，炒白芍15g，制香附10g，郁金10g，姜半夏9g，姜竹茹6g，浙贝10g，炒黄芩10g，绿梅花5g，延胡索9g，香茶菜30g，生薏苡仁30g，半枝莲15g，余甘子10g，佛手花6g，海金沙12g，木蝴蝶3g，白豆蔻（后下）6g。14剂，水煎服。

2018年2月1日二诊：诉药后胀满口苦好转，前方去香附、姜半夏，加八月札9g，娑罗子10g。14剂，水煎服。

2018年3月8日三诊：诉药后胃脘疼痛好转，前方去八月札、娑罗子、余甘子、海金沙、炒黄芩、豆蔻、姜竹茹，加香附10g，浙贝母10g，三叶青6g，蒲公英15g，厚朴花9g，三七花6g，鸡骨草15g。28剂，水煎服。

2018年4月7日四诊：诉药后诸症好转，前方去香附、佛手花，加八月札9g，玳玳花5g。14剂，水煎服。

以上方为基础随症加减，于2018年6月14日复查胃镜显示慢性萎缩性胃炎伴胃窦糜烂，病理诊断：胃窦黏膜慢性炎，未见肠化。

按 本案肝气郁滞，横逆犯胃，胃失和降，脾胃气机失调，则胀满疼痛。以柴胡疏肝散疏肝理气和胃。柴胡、香附疏肝理气；郁金辛香不烈，其气先升后降；竹茹味苦降逆，性味甘寒能解阳明之热；半夏、浙贝母均有消痰散结之功；郁金苦寒以防温燥太过；白芍防辛燥伤阴；炒黄芩、海金沙、生薏苡仁、香茶菜、半枝莲、余甘子健脾化湿、清热解毒；延胡索活血止痛；佛手花、绿梅花、木蝴蝶轻清疏导中焦气机。诸药合用，肝气得疏，气机得畅，中焦得安。

（二）清肝和胃法

若肝气郁结日久化热，肝胃郁热，出现胸胁苦满、口苦、反酸、脘宇不适、嘈杂时作、舌质偏红，治以清热和胃。徐珊教授常用和解少阳，清胆和胃之蒿芩清胆汤加减，药用青蒿、郁金、炒黄芩、海金沙、姜半夏、姜竹茹、八月札、浙贝母、蒲公英、车前草等。热毒较重而反酸明显者以左金丸辛开苦降。对于此证忌用寒凉克伐之剂，以免重伤脾胃之气。

陈某，女，55岁。初诊日期：2017年2月9日。患者胃脘部烧灼疼痛，胃镜病理提示重度肠化，舌红苔白，脉沉细弦。证属肝胃郁热。治宜清热和胃。

处方：青蒿梗10g，郁金10g，炒黄芩10g，海金沙（包煎）15g，姜半夏9g，姜竹茹10g，香附10g，浙贝10g，蒲公英15g，车前草30g，香茶菜15g，三叶青6g，延胡索10g，沉香（后下）5g，木蝴蝶3g。14剂，水煎服。

2017年3月23日二诊：诉服药后诸症好转，近日又觉脘腹胀满，前方去海金沙、半夏、香附、车前草、木蝴蝶，加佛手花9g，柴胡10g，八月札9g，生白芍15g，炒海螵蛸10g。14剂，水煎服。

2017年5月6日三诊：诉服药后脘胀好转，前方去佛手花、八月札、生白芍、炒海螵蛸，加绿梅花5g，香附10g，炒赤芍12g，甘草6g。14剂，水煎服。

2017年6月1日四诊：诉服药后诸症好转，前方去香附、甘草，加八月札9g，佛手片6g。14剂，水煎服。

2017年6月15日五诊：诉服药后诸症好转，复查胃镜显示轻度肠化。前方去木蝴蝶、甘草，加车前草30g，佛手片6g。14剂，水煎服。

按 本案肝气郁滞，郁而化热，肝火犯胃，胃络受损，则脘腹烧灼疼痛，以蒿芩清胆汤清肝利胆和胃。青蒿清透少阳邪热；郁金清胃利胆且有行气止痛之功；黄芩、半夏为辛开苦降之药对；竹茹善清胆胃之热；浙贝母抑酸护胃；海金沙、蒲公英、车前草共奏清热解毒利湿之效；延胡索活血化瘀止痛；三叶青、香茶菜清热解毒；木蝴蝶、沉香升降相因，调脾胃之升降。诸药合用，清肝热，和脾胃。

（三）清热化湿法

脾运失健，胃纳失和，湿浊内生。湿邪日久化热，或素食肥甘厚腻辛辣之品，使湿与热合，湿热之邪蕴结中焦，使湿热内滞不化，亦影响肝胆之疏泄，故此证患者多以胃脘疼痛，口中黏腻不爽，更衣欠畅，苔腻为主症。治以清热化湿和胃，常用三仁汤加减。药用苦杏仁、白豆蔻、薏苡仁、芦根、半夏、竹茹、浙贝母、蒲公英、车前草等。湿热明显，口甜口臭者加藿香、佩兰、木蝴蝶。徐珊教授认为脾胃已伤，自当时时顾护胃气，当以芳香化湿、甘寒清热之品以清化中焦湿热。即使有浊邪内阻，也不宜予苦寒重剂，以误损伤脾胃之阳，使湿热之邪更加壅滞不行。

黄某，男，43 岁。初诊时间：2016 年 8 月 18 日。患者脘宇疼痛，口中黏腻，胃镜显示慢性胃炎，中度肠化，苔薄黄腻，脉弦而滑。证属湿热内滞，胃腑失和。治宜清热化湿和胃。

处方：杏仁 9g，白豆蔻（后下）6g，生薏苡仁 30g，芦根 30g，姜半夏 9g，姜竹茹 9g，浙贝 10g，蒲公英 15g，车前草 30g，炒黄芩 10g，香茶菜 15g，延胡索 10g，佛手花 9g，三叶青 6g，红藤 15g，蛇舌草 15g，佛手片 9g，木蝴蝶 3g。14 剂，水煎服。

2016 年 10 月 1 日二诊：诉服药后症状好转，近日自觉脘胀嗳气，前方去杏仁、豆蔻、生薏苡仁、芦根、蒲公英、车前草、红藤、蛇舌草、佛手片，加旋覆花（包煎）9g，代赭石 30g，炒柴胡 10g，炒白芍 15g，半枝莲 15g，厚朴花 9g。14 剂，水煎服。

2016 年 10 月 29 日三诊：诉服药后嗳气脘胀好转，近日更衣不畅，前方去旋覆花、代赭石、炒白芍、姜半夏、炒黄芩、半枝莲，加炒赤芍 12g，砂仁（后下）6g，炒黄连 5g，鸡骨草 15g，炒木香 6g，大腹皮 10g。14 剂，水煎服。

以上方为基础随症加减，守方继进，症情稳定，于 2018 年 6 月复查胃镜提示胃窦黏膜慢性炎，未见肠化。

按　湿热中阻，气机郁滞，不通则痛，中焦湿浊上犯，故口中黏腻。以三仁汤清热化湿，宣畅气机。苦杏仁宣利上焦肺气，气行则湿化；白豆蔻芳香化湿，行气宽中，畅中焦之气；薏苡仁淡渗利湿，使湿热从下焦而去，三焦分消，则湿化矣；芦根清热生津以透胃腑气分实热；半夏、竹茹为药对，两药相合，一寒一热，清热燥湿，和胃力彰。佐以蒲公英、车前草加强清热利湿之效；香茶菜、三叶青、蛇舌草清热解毒抗肿瘤；延胡索祛瘀止痛；佛手片、木蝴蝶理气止痛。诸药合用，共奏清热化湿，和胃止痛之效。后湿热已除，又见脘胀嗳气明显，乃肝郁气滞之证，徐珊教授以柴胡疏肝散合旋覆代赭汤治之，疏肝理气和胃，辨证灵活，方证相应，效如桴鼓。

（四）豁痰解郁法

湿热内蕴，久则酿湿生痰，痰热扰心，临床可见胃脘疼痛胀满、失眠多梦为主症的胆热痰扰之证。徐珊教授常以温胆汤加减清热豁痰解郁。药用竹沥半夏、姜竹茹、茯神、炒枳壳、绿梅花、合欢花等。夜寐欠安者加灯心草、夜交藤、石菖蒲、紫贝齿。

朱某，男，52岁。初诊日期：2018年1月29日。患者胃脘胀满，夜寐欠安，苔薄白腻，脉细弦滑，2017年5月4日胃镜显示慢性萎缩性胃炎，胃多发黄色瘤病。病理诊断：黏膜慢性炎，萎缩性，伴重度肠化，淋巴组织增生，HP（＋）。证属胆郁痰扰，治宜豁痰解郁。

处方：竹沥半夏9g，姜竹茹6g，郁金10g，钩藤（后下）12g，绿梅花5g，茯神9g，合欢花10g，龙骨（先煎）30g，灯心草3g，香茶菜15g，佛手花6g，木蝴蝶3g，龙胭叶10g，炒黄芩10g，生谷芽15g。14剂，水煎服。

2018年6月6日二诊：诉服上方后诸症好转，近日咽痛不适，前方去竹沥半夏、龙骨、佛手花、龙胭叶、生谷芽，加柴胡10g，紫贝齿（先煎）12g，蝉衣6g，土圞儿9g，炒木香6g。14剂，水煎服。

2018年9月14日三诊：诉服药后诸症好转，于2018年8月7日复查胃镜显示：慢性萎缩性胃炎，胃多发黄色瘤病。病理诊断：慢性轻度萎缩性胃炎伴轻度肠化，HP（－）。前方去蝉衣，加龙胭叶9g。14剂，水煎服。

按 本案湿热内滞，酿生痰浊，脾胃气机受困，故胃脘胀满；痰热扰心，夜寐欠安。以温胆汤加减豁痰解郁。方中竹沥半夏、姜竹茹清热化痰共为君药，茯神、合欢花、龙骨、灯心草、钩藤清心安神；绿梅花、佛手花、木蝴蝶理脾胃之气；香茶菜、炒黄芩清热燥湿；生谷芽养阴和胃，顾护胃气。

（五）养阴化浊法

脾为阴土，胃为阳土。肝气不舒，郁久化热或湿热之邪日久皆可灼伤阴液，胃阴亏虚，失于濡养，临床可见胃脘部隐痛，口干，泛酸，嘈杂之阴虚浊滞之证。徐珊教授遵从叶天士"津液来复使之通降"，"甘平或甘凉濡润以养胃阴"的重要原则，以沙参麦冬汤加减治疗。沙参麦冬汤出自《温病条辨》，原方

由北沙参、玉竹、生甘草、冬桑叶、麦冬、生扁豆、天花粉组成。徐珊教授临证常用北沙参、麦冬、制玉竹等清甘凉润之品，配以枳壳、厚朴花、绿萼梅等行气之品，以防养阴之时过于滋腻有碍脾胃气机之虞。若兼见大便秘结，则予火麻仁、瓜蒌仁润肠通便；若饥不欲食者，予余甘子；若胃脘灼痛明显，予延胡索、浙贝母；若有化热之象，予黄芩、郁金。诸药合用，共奏滋阴和胃之功。

李某，男，56岁。初诊日期：2017年10月22日。患者胃脘嘈杂不适，口干，舌红苔腻中剥，脉细弦。2017年3月23日胃镜显示：糜烂性胃炎，胃黄色瘤病，病理诊断：（胃窦小弯）慢性重度萎缩性胃炎，伴重度肠化，HP（－）。证属阴虚浊滞。治宜养阴化浊和胃。

处方：北沙参30g，麦冬15g，制玉竹15g，姜半夏9g，姜竹茹6g，蒲公英15g，车前草30g，三叶青6g，半枝莲15g，香茶菜15g，浙贝母10g，木蝴蝶3g，海螵蛸15g，郁金15g，佛手花10g，绿梅花6g。14剂，水煎服。

2017年11月5日二诊：诉药后诸症好转，前方去姜半夏、佛手花，加玳瑁花10g，制黄精15g。14剂，水煎服。

2017年12月10日三诊：诉药后诸症好转，近日多梦易醒，前方去制黄精，加茯神15g。14剂，水煎服。

2018年1月28日四诊：诉药后睡眠好转，近日胃脘灼痛又作，前方去木蝴蝶、制玉竹、绿梅花，加煅瓦楞子15g，生龙骨（先煎）30g，延胡索15g。14剂，水煎服。

2018年3月25日五诊：诉药后诸症好转，前方去煅瓦楞子、生龙骨、玳瑁花、香茶菜，加木蝴蝶3g，紫贝齿（先煎）30g，徐长卿12g。14剂，水煎服。

2018年5月20日六诊：诉药后诸症好转，2018年5月11日复查胃镜显示：慢性萎缩性胃炎伴隆起糜烂，病理诊断：（胃角）黏膜慢性炎伴轻度肠化，HP（－）。前方去木蝴蝶、蒲公英、徐长卿，加荷包草15g，预知子10g，香茶菜30g。14剂，水煎服。

按 患者年高，阴液亏损，加之湿热浊邪蕴结，日久亦可灼伤阴液，胃阴不足，濡润失职，则口干；阴虚火旺与湿热浊邪相合，胃气失和，则胃脘嘈杂。以北沙参、麦冬、制玉竹滋养胃阴；姜半夏、姜竹茹、蒲公英、车前草、郁金等清热化浊；辅以三叶青、半枝莲、香茶菜清热解毒；浙贝母、海螵蛸抑酸护胃；佛手花、绿梅花、木蝴蝶清轻而理气不伤阴。诸药合用，养胃阴，化湿浊，和脾胃。

（六）益气养阴法

本病病程缠绵，病情容易反复，久则耗气伤津，表现为气阴两亏，徐珊教授在这一阶段用药注重益元气、养胃阴。益元气常选用生黄芪、党参、太子参、白术、茯苓、山药、薏苡仁等健脾益气之品。养胃阴常用麦冬、沙参、玉竹、百合、黄精等甘凉濡润之品。

李某，女，67岁。初诊日期：2017年11月22日。患者脘腹胀满，食后尤甚，嗳气时作，口中干苦，神疲乏力，苔薄白腻，脉沉细弦。2017年9月20日胃镜显示：慢性萎缩性胃炎，反流性食管炎。病理诊断：（胃窦）黏膜中度慢性萎缩性炎，中度肠化。证属气阴不足，浊滞不化。治宜益气养阴化浊。

处方：太子参15g，麦冬12g，制玉竹12g，绿梅花3g，郁金10g，生谷芽15g，柴胡10g，佛手花9g，玫瑰花6g，蒲公英15g，三叶青6g，海金沙（包煎）15g，八月札9g，余甘子15g，制香附10g。14剂，水煎服。

2018年2月5日二诊：服药后诸症好转，近日时有泛酸，前方去制玉竹、柴胡、佛手花、蒲公英、八月札、余甘子，加姜半夏9g，姜竹茹6g，浙贝母10g，海螵蛸10g，玳玳花6g，香茶菜30g。14剂，水煎服。

2018年3月28日三诊：患者服上方后诸症好转，近日因饮食不慎，出现脘灼口酸，苔薄白腻，脉沉细弦，证属肝胃郁热。治宜清肝和胃。

处方：青蒿9g，郁金10g，浙贝母10g，姜竹茹6g，海螵蛸10g，玫瑰花6g，余甘子9g，半枝莲15g，焦六曲15g，木蝴蝶3g，姜半夏9g，合欢花10g，紫贝齿（先煎）12g，炒黄芩10g，炒木香6g。14剂，水煎服。

2018年5月11日四诊：诉服药后脘灼好转，前方去余甘子、半枝莲、木蝴蝶、姜半夏、紫贝齿、炒黄芩、炒木香，加制远志10g，香茶菜15g，延胡索10g，柴胡10g，龙骨（先煎）30g，连翘10g，檀香（后下）3g。14剂，水煎服。

2018年6月29日五诊：诉服药后诸症好转，于2018年6月20日复查胃镜显示：慢性非萎缩性胃炎，病理诊断：（胃窦）慢性中度浅表性胃炎，未见肠化。前方去海螵蛸、焦六曲、连翘、檀香，加蝉衣6g，炒谷芽15g，炒黄芩10g，谷精草10g。14剂，水煎服。

按　本案气阴不足为本，浊滞不化为标。湿热浊邪内蕴，脾胃气机不畅，胃气失和，故脘腹胀满，嗳气时作；脾虚运化无力，则食后脘胀尤甚，神疲乏力；

胃阴不足，津不上乘，则口中干苦。以太子参益气健脾；麦冬、制玉竹滋养胃阴；佐以柴胡、绿梅花、佛手花、玫瑰花、制香附等疏肝理气；蒲公英、三叶青、海金沙、八月札、余甘子等清化湿浊；生谷芽和胃养阴；诸药合用，标本兼治。又因饮食不慎，肝胃郁热，以标实为主导，徐珊教授改投蒿芩清胆汤，清肝胆郁热，收获良效。本案充分体现了徐珊教授临证思路灵活机变，圆机活法。

第三节　诊治肠病取疗效

炎症性肠病是一种慢性、非特异性肠道炎症性疾病，主要包括克罗恩病和溃疡性结肠炎，临床表现为腹痛、腹泻、黏液脓血便、里急后重等。本病属中医"泄泻""痢疾"等范畴，病因复杂，病程缠绵，反复发作，治愈难度较大，属难治病之一。徐珊教授对此类疾病的诊治得心应手，匠心独具。

一、病证合参，分期论治

炎症性肠病多迁延难愈，呈发作与缓解期交替，或持续发作并逐渐加重。徐珊教授临证时根据结肠镜检查结果与临床症状，将本病分为急性期、迁延期和缓解期，分阶段治疗。

（一）急性期，清热凉血治其标

徐珊教授认为，本病急性期以湿热毒瘀互结于大肠，气血不调，肠络受损为主要病机。《景岳全书》云："若饮食失节，起居不时，以致脾胃受伤，则水反为湿，谷反为滞，精华之气不能输化，乃致合污下降，而泻痢作矣。"水湿内停肠胃，郁而化热，湿热邪气相搏，肠道传导失司，通降不利，气血壅滞，日久化瘀成毒，内溃为疡，肠道脂膜血络受损，则出现腹痛、里急后重、大便赤白黏滞或下脓血等症状。治疗应急则治其标，以清化湿热、凉血行瘀止痢为主。徐珊教授喜用黄连、黄芩、薏苡仁、马齿苋、皂角刺等药清热化湿；用地榆、槐花、侧柏叶、红藤、地锦草、丹皮、赤芍等凉血行瘀止痢。

（二）迁延期，益气托毒补泻施

本病后期，肠胃之气已伤，湿热瘀毒日久成痰成饮，稽留肠间，病情时发时止，反复难愈。正如《诸病源候论·休息痢候》载："休息痢者，胃脘有停饮，因痢积久，或冷气，或热气乘之，气动于饮，则饮动而肠虚受之，故为痢也。冷热气调，其饮则静而痢亦休也。肠胃虚弱，易为冷热，其邪气或动或静，故其痢乍发乍止，谓之休息痢也。"临床以反复腹痛腹泻，或夹有黏液血便，神疲乏力为辨证要点。治疗以益气托毒、攻补兼施为主，在薏苡仁、黄芩、黄连等健脾清热燥湿基础上，选用生黄芪、太子参、补骨脂、五味子等健脾益气，托毒于外，兼以涩肠止泻。

（三）缓解期，健脾温肾防复发

《诸病源候论·痢疾诸候》云："由脾虚大肠虚弱，风邪乘之，则泄痢虚损不复，遂连滞涉引岁月，则为久痢也。"《素问·水热穴论》云："肾者，胃之关也，关门不利，故聚水而从其类也。"缓解期由于素体脾胃虚弱，下痢日久，导致脾阳不运，日久病损及肾，形成脾肾阳虚之证，且湿热瘀毒之邪虽已去，但湿性黏滞，余邪往往多有留恋，病情容易反复。临床以腹部恶寒，稍食生冷油腻之品即腹痛腹泻，形寒肢冷为主症。治疗应健脾温肾为主，兼以清化余邪，药用太子参、山药、补骨脂、附子等温补脾肾之品，佐以清化之品不忘其实。

二、把握病机，调燮多脏

本病的形成多由于素体先天禀赋不足，脾胃虚弱，加之外感暑热寒湿之邪、饮食不节、情志不畅等因素诱发。病位在肠，与脾、肝、肺、肾密切相关。主要病理因素有湿热、气滞、血瘀、气虚等，各病理因素相互夹杂，互为因果，形成了本虚标实、虚实夹杂的复杂病机。徐珊教授治疗本病全面把握，燮理多脏，切中病机。

（一）健脾清化消导，补而不滞

徐珊教授认为本病以脾虚为本，脾虚湿胜是本病的重要致病因素。急性期以湿热为标，缓解期以脾虚为本，两者互为因果，正如《景岳全书》所说"泄泻之本，无不由于脾胃。""脾弱者，因虚所以易泻，因泻所以愈虚"。因此，无论急性期还是缓解期，健脾化湿应贯穿始终。然急性期以清热化湿为主，辅以益气健脾；缓解期以健脾补虚为重，兼以清化余邪。不可过早补益以滋湿热，亦不可过用苦寒而伤正。徐珊教授喜用太子参、薏苡仁、山药、扁豆

衣等药健脾化湿，健脾而不过于温燥，兼顾脾阴亦不过于滋腻。此外，徐珊教授认为食滞于内是脾运失健的常见诱因，又会助生湿热之邪，如《温病条辨》所云："湿温内蕴，夹杂饮食停滞，气不得运，血不得行，遂成滞下。"因此，临床常佐以六神曲、焦山楂等消食导滞之品，使补而不滞，寓通于补。

（二）柔肝敛阴行气，顾护阴液

肝气条达是脾气健运的必要条件，《医经精义》云："肝属木，能疏泄水谷，脾土得肝木之疏泄则饮食化。"《景岳全书》言："凡遇怒气便作泄泻者……但有所犯，即随触而发……以肝木克土，脾气受伤而然。"若七情内伤，肝失疏泄，木郁乘土，胃肠气机郁滞，不通则痛，临床常见腹痛、里急后重之症，即《医方考·泄泻门》曰："泻责之脾，痛责之肝，肝责之实，脾责之虚，脾虚肝实故令痛泻。"临床常用痛泻要方加减。另外，木郁不疏，湿热壅滞，两相杂合，易成肝热之证。徐珊教授临证运用戊己丸清泻肝火。然本病本为下利日久，阴液已伤之病，故疏泄清热不可太过，以免阴液更伤。因此，徐珊教授用白芍、木瓜等养血柔肝，酸收敛阴，用川朴花、佛手花、合欢花等花类药理气而不伤阴。若阴虚明显者，稍佐北沙参、石斛等养阴之品。

（三）宣肺醒脾化痰，下病求上

肺与大肠相表里，大肠传导有节，赖于肺的宣降通调功能，正所谓"大肠所以能传导者，以其为肺之腑，腑气下达，故能传导，是以理大便，必须调肺气也。"本病以脾虚为本，痰湿是重要的病理因素，而脾为生痰之源，肺为贮痰之器。《医学入门》云："痰泄，或泻或不泻，或多或少，此因痰留肺中，以致大肠不固。"本病热邪在内，耗伤肺气，致宣肃失常，不能布津，则易聚痰成饮，痰热下迫大肠，损伤血络，则成脓血之症，使病情迁延难愈。因此，徐珊教授临床注重化痰药物的运用，常用浙贝、半夏、猫爪草、杏仁等化痰宣肺之品，祛痰湿，宣肺气，复脾运。

（四）温肾涩肠止泻，固本防复

本病病程迁延，脾虚日久，必损于肾，肾阳亏虚，命门之火不能温煦脾土，则脾失健运，水湿停聚大肠而致泄泻。正如《景岳全书·泄泻》所云："肾为胃关，开窍于二阴，所以二便之开闭，皆肾脏之所主，今肾中阳气不足，则命门火衰……阴气盛极之时，即令人洞泄不止也。"临床常出现久泄或晨泻，四肢不温，伴有腹痛等肾阳虚之证。治疗应以温肾固涩为主。常用补骨脂、炮姜、附子等辛温之品温肾，芡实、五味子、诃子等涩肠止泻。肾为先天之本，脾为后天之本，脾肾互济。若肾阳充足则脾气健运，水谷精微运化有序，机体气血阴阳调和，病无反复矣，即所谓"正气存内，邪不可干"。

三、药如用兵，运筹帷幄

本病症情复杂多变，徐珊教授辨治注重气血同调，补泻收敛适时，用药强调苦辛配伍，寒热并用，充分体现临证如临阵，用药如用兵之旨。

（一）苦辛配伍，寒热并用

本病既有湿热之象，又有脾胃虚弱之证，临床上少有单纯热证或寒证，多见虚实夹杂，寒热错杂之证。因此，徐珊教授认为用药时若一味投寒凉之品，则恐伤其阳气，一味用温补滋腻之品，则忧助其邪热，犯虚虚实实之忌。故临证治疗时强调兼顾虚实，寒热并用。往往用半夏、吴茱萸、炮姜等辛温之品配伍黄芩、黄连等苦寒之药，寒热互用以和其阴阳，苦辛并进以调其升降。

（二）气血同调，收涩适宜

腹痛腹泻、里急后重、利下赤白脓血便是本病的典型症状。明代王纶《明医杂著》认为："白者湿热伤气分；赤者湿热伤血分；赤白相杂，气血俱伤。"其病机在于气血壅滞，肠络受损。徐珊教授认为治疗以调气和血，正如刘河间所云"调气则后重自除，凉血则便脓自愈"。常用煨木香、川朴花、扁豆花、玳玳花、沉香、佛手花、绿梅花等调畅气机；地锦草、仙鹤草、血见愁、余甘子等凉血止血。急性期不宜单纯收敛固涩，以防瘀血湿热内存，变生他证。徐珊教授喜用黄芩炭、槐米炭、丹皮炭、地榆炭、大黄炭等炒炭之品，或清热止血，或凉血止血，或化瘀止血。

（三）祛风胜湿，善用风药

本病尚有"肠风"之名，《证治汇补》曰："或外风从肠胃经络而入害，或内风因肝木过旺而下乘，故曰肠风。"《圣济总录》有云："肠风下血者，肠胃有风，气虚挟热。血得热则妄行，渗入肠间，故令下血。"徐珊教授治

疗常用风药，风药主动，性升散，风能胜湿，又能升发脾阳，助脾胃恢复升降之功。常用的风药有徐长卿、豨莶草、防风、柴胡、葛根等。

（四）内外兼顾，调护得宜

由于本病病变部位有时位于乙状结肠和直肠，在口服中药的同时，徐珊教授还仿中医外治法之旨，主张中药高位保留灌肠。常用生地榆、马齿苋、浙贝母、黄芩炭、生地炭、仙鹤草、槐米炭、大黄炭等药物组方，煎汤灌肠，清热利湿，祛瘀止血，消肿生肌。此法内疡外治，使药液直接作用于病变部位，既减少口服对胃肠道的刺激，又避免了其经肝肠代谢的损失，消除局部炎症，促进肠道黏膜修复。

本病患者往往由于生活压力大，病情迁延反复等因素导致精神抑郁，情志不舒，加重病情发展。徐珊教授常向患者强调保持心情舒畅、乐观心态对本病有重要意义。此外，徐珊教授还时常叮嘱患者饮食有节，多食清淡易消化的食物，忌食辛辣、生冷、油腻食物，避免"食复"。

四、验案举隅

（一）克罗恩病 2 则

案一　许某，男，16 岁。初诊日期：2018 年 1 月 2 日。患者 2015 年 11 月 3 日结肠镜检查提示：所见结肠多发纵行溃疡及口疮样溃疡，病理诊断为克罗恩病。2017 年 7 月 7 日结肠镜复查提示：进镜至肝曲，患者因疼痛要求退镜，故退镜观察。所见横结肠黏膜充血，多发口疮样溃疡，跳跃生长；降结肠、乙状结肠可见多发长纵行溃疡及多发口疮样溃疡，部分溃疡周围黏膜呈卵石样改变，以乙状结肠为主；直肠距肛 6cm 以下可见多发口疮样溃疡。刻诊：便含黏液，下腹不适，肛门坠胀，口干，苔薄白腻，脉沉细弦，血沉 78mm/h，101mg/L。证属湿热内滞，肠胃不和。治宜清热化湿，调和肠胃。

处方：杏仁 9g，白豆蔻（后下）6g，生薏苡仁 30g，芦根 30g，红藤 15g，炒黄芩 10g，猫爪草 15g，鸡骨草 15g，夏枯草 10g，浙贝 10g，生牡蛎（先煎）30g，余甘子 9g，防风 6g，厚朴花 10g，平地木 15g。14 剂，水煎服。

2018 年 1 月 16 日二诊：诉下腹不适减轻，前方去鸡骨草，加白头翁 10g。14 剂，水煎服。

2018 年 2 月 27 日三诊：诉服前方后诸症好转，近日食辛辣后便中带血，前方去杏仁、豆蔻、芦根、炒黄芩、白头翁、生牡蛎，加藿香 10g，马齿苋 15g，鱼脑石（先煎）9g，槐米炭 10g，黄芩炭 10g，芡实 15g。14 剂，水煎服。

2018 年 3 月 13 日四诊：诉药后便血已除，前方去炒防风、藿香、马齿苋、槐米炭，加防风炭 6g，皂角刺 10g，白头翁 15g，藁本 10g。14 剂，水煎服。

2018 年 4 月 24 日五诊：诉药后诸症好转，前方去防风炭、白头翁、黄芩炭、芡实，加炒防风 6g，厚朴花 10g，生牡蛎（先煎）30g，马齿苋 15g，炒黄芩 10g，鸡骨草 15g。14 剂，水煎服。

以上方为基础随症加减，血沉已恢复正常（16mm/h），C 反应蛋白已降至 16mg/L。2018 年 7 月 4 日结肠镜复检示：回肠末端黏膜肿胀，散在分布浅溃疡，部分黏膜浅结节状隆起；回盲瓣变形，黏膜皱襞纠集；乙状结肠距肛 18 ～ 32cm 可见数条纵行溃疡，黏膜呈铺路石改变；直肠散在口疮样溃疡；升结肠、横结肠、降结肠黏膜呈橘红色，光滑湿润，有光泽，黏膜血管纹理呈树枝状，清晰可见。随访至今，症情稳定，正常上学。

按 本案患者湿热蕴肠，腑气壅滞，气血与邪气相搏结，肠络受损，腐败化为赤白黏冻，则便含黏液；气机阻滞，闭塞滞下，故见肛门坠胀。徐珊教授以三仁汤加减清热化湿，除肠道之湿热，解气血之壅滞。兼见便血则以槐米炭、黄芩炭等炒炭之品清热凉血止血，使收涩不敛邪，佐以防风、藁本等祛风胜湿之品促脾胃之运化而止泻。

案二 徐某，男，36 岁。初诊日期：2014 年 1 月 9 日。患者 2012 年大便次数增多，日行 4 ～ 5 次，大便稀溏，体重骤减，1 月内下降 18.5kg，肛周脓肿术后，诊断为肛瘘、克罗恩病。刻诊：更衣不畅，日行 3 ～ 4 次，大便不爽，夜寐欠安，苔白，脉弦。证属湿热内滞，肠胃不和。治宜清热化湿，调和肠胃。

处方：红藤 15g，薏苡仁 30g，浙贝 10g，青龙齿（先煎）15g，猫爪草 10g，炮姜炭 6g，姜半夏 9g，姜竹茹 9g，炒黄连 5g，煨木香 6g，炒白术 12g，炒白芍 15g，柴胡 9g，炒防风 6g，地锦草 15g，木蝴蝶 3g，灯心草 3g，合欢皮 10g。14 剂，水煎服。

2014 年 1 月 23 日二诊：诉药后大便次数减少，前方去木蝴蝶、柴胡、合欢皮、地锦草，加血见愁 15g，茯神 9g，炒杜仲 10g、合欢花 9g。

2014年2月13日三诊：诉药后大便时有成形，前方去血见愁、炮姜炭、炒杜仲，加糯稻根15g，山萸肉12g，延胡索10g。

2014年2月20日四诊：诉药后诸症好转，前方去延胡索、茯神，加茯苓15g，黑豆衣15g。

以此方为基础随症加减，守方继进，症情稳定。服药8月余后，便次已正常，日行1次，体重恢复正常，随访至今，健如常人。

按 本案患者湿热蕴结肠道，气机升降失调，小肠泌别失司，大肠传导功能紊乱，清浊不分，相杂而下，故大便次多而稀溏；气机阻滞，闭塞滞下，则大便不爽；热扰心神则寐劣欠安。以红藤、薏苡仁清热解毒除湿为君药；以半夏泻心汤辛开苦降，疏通气机；香连丸清热燥湿止泻；痛泻要方抑肝扶脾止泻；佐以青龙齿、灯心草、合欢皮等清心安神；炮姜炭温脾止泻。症情稳定后，酌加杜仲、萸肉等补肾之品，固本防复。

（二）溃疡性结肠炎2则

案一 刘某，男，57岁。初诊日期：2018年7月4日。患者于2017年6月5日结肠镜检查提示：溃疡性结肠炎，病理诊断：回盲部黏膜慢性炎伴局部淋巴组织增生；升结肠黏膜慢性炎伴间质水肿；距肛70cm黏膜慢性炎（活动性）伴隐窝脓肿形成，距肛58cm黏膜慢性炎（活动性）伴局部间质水肿，腺体减少。刻诊：更衣不畅，肠络受损，便血时作，苔薄黄腻，脉沉细弦。证属湿热内滞。治宜清肠化湿，调气和血。

处方：姜半夏9g，姜竹茹9g，炒黄连5g，炒木香10g，炒白术15g，炒白芍15g，炒防风6g，鸡骨草15g，白头翁15g，地榆炭15g，厚朴花10g，白及10g。14剂，水煎服。

2018年7月23日二诊：诉药后血止，前方去鸡骨草、地榆炭，加地锦草15g，槐米炭15g。14剂，水煎服。

按 患者湿热积滞，蕴结肠中，气血阻滞，传导失司，更衣不畅；湿热熏蒸，气血壅滞，肠络受损，则便血时作。徐珊教授以半夏泻心汤合痛泻要方加减，清肠道之湿热，化气血之壅滞；又以白头翁、地榆炭清热凉血止血；以白及收敛止血，消肿生肌，促进肠道黏膜修复。

案二 祁某，男，46岁。初诊日期：2017年8月3日。患者反复腹痛腹泻6月余，黏液便3月余，于2017年6月14日结肠镜检查显示：结肠大量炎性增生性息肉伴溃疡。病理诊断：右半结肠及左半结肠黏膜慢性活动性炎，伴隐窝脓肿，黏膜萎缩明显，未见肉芽肿，呈慢性结肠炎改变。直肠黏膜轻-中度慢性炎症，黏膜萎缩。既往有2型糖尿病，再生障碍性贫血。住院治疗，建议行全结肠切除术。患者转求中医诊治。刻诊：更衣不畅，下腹疼痛，消瘦乏力，苔白脉细。证属脾虚浊滞。治宜健脾化浊助运。

处方：炒党参15g，炒白术15g，炒白芍15g，炒木香10g，炒黄连5g，厚朴花10g，防风炭6g，鸡骨草15g，芡实15g，猫爪草15g，炒薏苡仁30g，炒山药15g，香茶菜15g，炒马齿苋15g，桑黄15g。10剂，水煎服。

2017年9月13日二诊：患者更衣次多，黏糊带血，形体消瘦，舌质偏淡，苔白脉细。证属脾肾两虚，浊滞不化。治宜健脾益肾化浊。

处方：吴茱萸3g，鸡骨草15g，赤芍12g，炒白术15g，藤梨根30g，薏苡仁30g，猫爪草15g，炒木香10g，炒山药15g，厚朴花12g，炒黄连6g，淡附片10g，生晒参6g，炮姜6g，八月札10g。10剂，水煎服。

2018年1月17日三诊：诉药后更衣次多好转，前方去赤芍、藤梨根、厚朴花、八月札，加炒白芍15g，郁金15g，牡蛎（先煎）30g，香茶菜30g。10剂，水煎服。

2018年3月7日四诊：诉药后大便带血好转，前方去鸡骨草、淡附片、生晒参、炮姜，加地锦草15g，浙贝母10g，白及10g，厚朴花10g。10剂，水煎服。

2018年6月6日五诊：诉药后诸症好转，前方去地锦草、炒山药、白及，加槐米炭12g，山慈菇10g，仙鹤草30g。10剂，水煎服。

以上方为基础随症加减，守方继进，随访至今，症情稳定。

按　本案患者素体虚弱，脾肾不足，无力抗邪外出，湿热浊邪内滞于肠，而成虚实夹杂、本虚标实之证。徐珊教授临证用药注重分辨邪实与正虚的侧重点，法随证变。初期正虚邪存之时，以淡附片、生晒参、炒白术、党参等温补脾肾，扶助正气，辅以清热化湿理气止泻之品，补泻兼施，标本兼治。药后正气来复，邪气仍盛，则以祛邪为主，邪去身自安。

第四节　调和脾胃复功能

和法是中医八法之一，指通过调和作用消除病邪，使机体或脏腑达到和谐状态的一种方法。徐珊教授十分重视"以和为贵"的思想，擅长运用调和

脾胃之法，促进机体胃肠功能恢复，达到阴阳平衡，气血调和之状态。

一、和之要义，以平为期

和者，顺也、谐也，是天地万物保持平衡的一种状态，包括人与自然的调和及人体内部的调和。《素问·生气通天论》有云："圣人陈阴阳，筋脉和同，骨髓坚固，血气皆从。如是则内外调和，邪不能害，耳目聪明，气立如故。"又云："阴平阳秘，精神乃治；阴阳离决，精气乃绝。"因此，人体"和"的状态包括阴阳协调，气血调和，津液流转，精神正常，内外和谐。故而，疾病治疗的本质亦是从这一角度出发，使机体回复"和"的健康状态。

《伤寒明理论》首先提出和解表里之"和"法，并列出其代表方是小柴胡汤。然和为致和，和法不拘于和解表里。《重订广温热论》中提出："凡属表里双解，温凉并用，苦辛分消，补泻兼施，平其复遗，调其气血等方，皆谓之和解法。"费伯雄《医醇賸义》谓："夫疾病虽多，不越内伤、外感，不足者补之以复其正，有余者去之以归乎平，即和法也。"徐珊教授认为，和法是一种精妙的调治之法，其目的是纠正机体的阴阳失调、气血失和、脏腑失衡，达到"阴平阳秘，精神乃治"的动态平衡的"中和"状态。

二、中州调和，四方居安

脾胃居于中焦，脾主运化，胃主受纳，脾气主升，胃气主降。脾气升，则水谷精微得以输布；胃气降，则水谷及其糟粕得下行。脾胃之间，一脏一腑，纳运相合，升降相因，燥湿相济，共同完成对饮食物的消化吸收。脾胃在生理上相互联系，在病理上也相互影响。若脾失健运，水谷不化，清气不升，则胃的受纳和降浊功能受损，出现胃脘胀满，食滞不化，恶心呕吐等症状；若胃失和降，影响清气上升，则会出现泄泻腹胀等症。因此脾胃失和主要表现为升降失常，纳运失调，燥湿不济，寒热错杂，而尤以升降失常为重要。

脾为后天之本，气血生化之源。脾胃之气冲和，机体气血调和，则脏腑功能正常。《圣济总录·卷八》有云："土有长养万物之能，脾有安和脏腑之德……是以古人治脾，盖谓脾气安和，则百病不生。"脾胃居于中焦，统摄四方。脾胃不和，则四方不安，脏腑功能失调。《格致余论》有云："脾具坤静之德，而有乾健之运，故能使心肺之阳降，肾肝之阳升，而成天地之交泰，是为无病认。"《医林绳墨》曰："脾胃一虚，则脏腑无所禀受，百脉无所交通，气血无所荣养，而为诸病。"因此，多种致病因素作用下导致的脾胃不和是疾病的根本原因，而调和脾胃之气血阴阳为治疗之根本。《脾胃论》云："善治者，唯有调和脾胃。"《慎斋遗书》曰："诸病不愈，必寻到脾胃之中。"而《医学读书记·五行问答》亦云："土具冲和之德……冲和者，不燥不湿，不冷不热，乃生化万物。"徐珊教授临证以"和"为大法，或调和脾胃，或调和肠胃，或调和肝脾，或调和心脾，或调和脾肾，注重脏腑同治，虚实同理，寒温相宜，达到气机升降有序，气血生化有源，五脏六腑安和。

三、平补缓攻，升降相和

吴鞠通在《温病条辨》说："治中焦如衡，非平不安。"徐珊教授主张通过"和"之大法调和脾胃，祛除各种有碍脾胃运化和气机升降的因素，纠正其功能之偏颇，使之达到阴平阳秘的状态。

脾胃之为病，多为虚实夹杂之证。脾胃虚弱为虚为本，气滞、湿热、血瘀、痰凝、浊毒为实为标。单纯补益或补益太过，则非但不能祛除湿热毒瘀之邪，反而会使实邪滞留于内，阻碍脾胃气机升降和运化功能，使正气更虚。若攻伐太过，气滞湿热浊毒虽除，但元气已伤，运化无权，气血生化乏源，气机升降出入无力，体虚不复，疾病难愈。因此，徐珊教授在遣方用药上，谨遵平补缓攻之旨，充分体现和调之意。如在清热、化湿、消导、行气、活血、祛瘀之法中辨证配合益气、健脾、养阴，使邪气去而正气和，有利于疾病康复。在用健脾补脾等补益之剂时，加用理气、消导、化湿之厚朴花、绿梅花、鸡内金、砂仁等，以塞配通，以补配消，防止补益太过而致滋腻碍胃或气机壅滞。

此外，徐珊教授在和调脾胃时注重顺应脾胃气机之升降，或因势利导，或逆向调整，促使气机之和畅。用药亦遵循调和之旨，选药清轻平和，时时顾护脾胃之气；配伍升降有序，以药物的升降作用与脾胃的升降规律相合，如生白术配伍炒枳壳，旋覆花、代赭石配伍木蝴蝶等，以升促降，以降促升，有利于气机的流通，使升降协调，出入有序，气机通达，

邪去病却。

四、法随证变，治在合和

徐珊教授认为和者，不刚不柔也，其义甚广，其法多变。《新方八略·和略》指出："凡病兼虚者，补而和之；兼滞者，行而和之；兼寒者，温而和之；兼热者，凉而和之。和之为义广矣，亦犹土兼四气，其于补泻温凉之用无所不及，务在调平元气，不失中和之为贵也。和之义则一，而和之法变化无穷焉。"徐珊教授临证以调和脾胃治疗疾病不拘于脾胃本身，兼及五脏六腑，以恢复胃肠功能，促进五脏六腑安和，使机体达到阴平阳秘、以平为期的状态。

（一）调和脾胃法

用于脾胃不和之证，以脾失健运，胃失和降为证候特点。脾胃互为表里，"脾主为胃行其津液"，脾失健运，水谷不化，水湿内停，阻碍气机，胃失和降，受纳腐熟无力。临床主要表现为脘腹胀满，恶心呕吐，纳少腹泻。若伴胃脘灼热疼痛，嘈杂口干，身重肢倦，舌红，苔黄腻，脉滑数者，为湿热中阻证，方用三仁汤加减，清化湿热即所以和；伴嗳腐吞酸，脘痛厌食，苔厚腻，脉滑者，为饮食积滞证，方用保和丸加减，消食导滞即所以和；伴脘腹隐痛喜按，神疲乏力，舌淡苔白，脉细弱者，为脾胃虚弱证，方用香砂六君子汤加减，健脾益气即所以和；伴脘痛喜按喜暖，肢冷形寒，倦怠乏力，舌淡苔白，脉沉弱无力者，为脾胃虚寒证，方用黄芪建中汤加减，补脾温中即所以和；伴脘腹隐隐灼痛，口咽干燥，五心烦热，嗳气便干，舌红少津有裂纹，苔剥或少苔，脉小弦或细数者，为胃阴不足证，方用益胃汤加减，养阴和胃即所以和。

案一 顾某，女，31岁。初诊日期：2017年8月3日。患者脘腹胀满，嘈杂不适，口干口苦，大便稀溏，体重下降，舌红，苔薄黄腻，脉沉细弦。证属湿热内滞，中焦失和。治宜清热化湿，调和中焦。

处方：杏仁9g，白豆蔻（后下）6g，砂仁（后下）6g，生薏苡仁30g，芦根30g，姜半夏9g，姜竹茹9g，浙贝10g，炒黄芩10g，车前草30g，香茶菜30g，佛手花6g，檀香（后下）3g，炒木香9g，厚朴花9g。14剂，水煎服。

2018年9月9日二诊：诉药后胀满好转，偶有脘痛，前方去豆蔻、姜半夏、佛手花、檀香，加柴胡10g，赤芍12g，延胡索10g，沉香曲5g。14剂，水煎服。

2018 年 10 月 7 日三诊：诉药后诸症好转，前方去芦根、炒黄芩、车前草，加藿香 10g，炒黄连 5g，炒海螵蛸 10g。14 剂，水煎服。

2018 年 11 月 11 日四诊：诉药后诸症好转，体重已由 36.5kg 增至 46.5kg，偶有失眠多梦，前方去藿香、赤芍、沉香曲，加茯神 9g，炒白芍 15g，姜半夏 9g，合欢花 9g，灯心草 3g，紫贝齿（先煎）30g。14 剂，水煎服。以本方随症加减治疗，症情稳定。

按 本案湿热壅滞胃腑，阻滞气机，胃气郁遏，致脘腹胀满、嘈杂；湿性黏滞，湿邪下注大肠则大便稀溏，化热则口干口苦。以三仁汤加减，用杏仁、生薏苡仁、砂仁、白豆蔻分消三焦湿邪为君药；姜半夏、姜竹茹、浙贝燥湿化痰，配以黄芩、车前草、香茶菜等清热燥湿之药，共为臣药；再伍以佛手花、檀香、厚朴花、炒木香等行气之品，气行则水行，气机调畅则湿邪自化，芦根清热生津止渴，以防温燥伤津。诸药合用，清其湿热，调其气机，和其中焦，则脾胃得安而病愈。

案二 周某，男，45 岁。初诊日期：2018 年 7 月 3 日。患者脘腹痞满，胀闷不舒，呕恶欲吐，口中气秽，肢体倦怠，痧气易作，舌红，苔薄白腻，脉沉细弦。证属湿热内滞，气血失畅。治宜清热化湿，调和气血。

处方：杏仁 9g，砂仁（后下）6g，白豆蔻（后下）6g，生薏苡仁 30g，芦根 30g，姜半夏 9g，姜竹茹 9g，炒黄芩 10g，蒲公英 15g，车前草 10g，郁金 10g，石菖蒲 10g，檀香（后下）5g，藿香 10g，厚朴花 9g。14 剂，水煎服。

2018 年 7 月 17 日二诊：诉药后诸症好转，偶有更衣不畅，前方去豆蔻、姜半夏、炒黄芩，加生白术 20g，连翘 15g，炒枳壳 10g。14 剂，水煎服。

2018 年 7 月 31 日三诊：诉药后诸症好转，前方去生白术、姜竹茹、蒲公英、车前草、炒枳壳，加炒白术 12g，炒防风 3g，炒木香 6g，香附 10g，炒白芍 15g。14 剂，水煎服。

按 本案暑热湿邪困脾，脾失健运，气机不畅，故脘腹痞满，胀闷不舒，呕恶欲吐；湿浊之气上泛，则口中气秽；脾主肌肉，脾为湿困，湿性重浊，则肢体倦怠；气机被遏，血运不畅，气血失和，则痧气易作。以三仁汤加减清化湿热，宣畅气机，和调气血。同时辅以石菖蒲、檀香、藿香等芳香化浊辟秽之品，增强化湿行气之效，气行则血行，气机通畅，血运正常，气血调和，则痧气不作。

（二）调和肝胃法

用于肝胃不和之证，以肝失疏泄，胃失和降为证候特点。胃为水谷之海，传化物而不藏，胃气以降为和，以通为用。木失调达，气机不畅，横逆犯胃，胃气阻滞，失其和降。临床主要表现为脘痞胀痛，嗳气则舒，纳呆腹胀，胸闷叹息，舌淡红，苔薄白，脉弦，方用四逆散或柴胡疏肝散加减，疏肝和胃即所以和。若肝郁气滞，日久化热，肝胃郁热，症见胃脘灼痛，泛酸饥嘈，烦躁易怒，方用蒿芩清胆汤加减，清肝和胃即所以和。

案一 许某，女，64岁。初诊日期：2015年6月23日。患者阑尾黏液性囊腺瘤术后，脘腹痞满胀痛，舌淡红苔白，脉弦。证属肝胃不和。治宜疏肝和胃。

处方：柴胡10g，麸白芍15g，香附10g，郁金10g，延胡索10g，蒲公英15g，车前草30g，木蝴蝶3g，浙贝10g，炒黄芩10g，红藤15g，生薏苡仁30g，三叶青6g，梅花5g，厚朴花9g。14剂，水煎服。

2015年7月21日二诊：诉脘胀好转，前方去香附、红藤，加八月札9g，炒谷芽15g，藤梨根30g，猫人参15g，蛇舌草15g。14剂，水煎服。

2015年8月18日三诊：诉药后腹胀已平，近日饮食不慎，胸咽不适，更衣不畅，舌红稍紫，苔薄，脉弦。证属肝胃郁热。治宜清肝和胃。

处方：青蒿10g，海金沙15g，姜竹茹10g，郁金10g，延胡索10g，蒲公英15g，木蝴蝶3g，浙贝10g，炒黄芩10g，生谷芽15g，生薏苡仁30g，三叶青6g，厚朴花9g，藤梨根30g，猫人参15g，蛇舌草15g，生白术12g，梅花5g，炒枳壳10g。14剂，水煎服。

2015年9月22日四诊：诉药后大便好转，前方去青蒿、蒲公英、木蝴蝶、生谷芽，加旋覆花（包煎）9g，姜半夏9g，土茯苓15g。14剂，水煎服。

按 患者阑尾肿瘤术后，情志不畅，肝气不舒，木郁土壅，胃肠气滞，不通则痛，故脘腹痞满胀痛。以柴胡疏肝散加减治疗，肝气疏泄如常，"土得木则达"，脾胃气机通畅，胀满疼痛得除。然本案患者肝郁日久，加之饮食不慎，郁而化热，胃气上逆，则胸咽不适，郁热伤津，肠道失濡，传导失司，则大便不畅。以蒿芩清胆汤加减清肝和胃，辅以枳术丸通调肠道气机。诸药合用，肝胃同调，胃肠同治。本案诊治过程充分体现徐珊教授辨证之精准，用药之精妙。

案二 孙某，女，32岁。初诊日期：2017年9月11日。患者胸脘痞闷，嗳气时作，口苦咽干，舌质偏红，苔白，脉弦。证属肝胃郁热。治宜清肝和胃。

处方：青蒿梗 9g，郁金 10g，炒黄芩 10g，海金沙（包煎）15g，姜半夏 9g，姜竹茹 9g，浙贝母 10g，绿梅花 5g，香茶菜 15g，三叶青 6g，龙胆叶 10g，谷芽 15g，佛手 9g，厚朴花 9g，木蝴蝶 3g。14 剂，水煎服。

2017 年 12 月 13 日二诊：诉药后诸症好转，近日受寒，咽喉不适，稍有畏风，前方去姜半夏、三叶青、佛手，加佛手花 9g，冬凌草 15g，扁豆花 9g，桂枝 9g，炒白芍 15g，甘草 6g。14 剂，水煎服。

2018 年 5 月 14 日三诊：诉药后诸症均除，月经量多，前方去龙胆叶、冬凌草、炒扁豆花、木蝴蝶、桂枝、炒白芍、甘草，加土圞儿 12g，鹿含草 15g，茜草 10g，仙鹤草 12g。14 剂，水煎服。

2018 年 6 月 27 日四诊：诉药后诸症好转，近日大便不畅，前方去炒黄芩、鹿含草、谷芽、佛手花、厚朴花、茜草、仙鹤草，加连翘 10g，生白术 12g，木槿花 9g，炒枳壳 10g，延胡索 9g，炒莱菔子 12g，瓜蒌子 15g。14 剂，水煎服。

按 本案患者肝气郁滞，郁而化热，横逆犯胃，脾胃之气不得升降，中焦壅塞，故见胸脘痞闷；胃气上逆，则嗳气时作；郁热伤津，则口苦咽干。方以蒿芩清胆汤加减治疗清肝胃之郁热，调脾胃之气机。青蒿清透少阳邪热；黄芩、姜半夏、姜竹茹、浙贝清胆胃之热；海金沙、车前草、香茶菜、三叶青、龙胆叶共奏清热解毒利湿之效；郁金、绿梅花、佛手、厚朴花、木蝴蝶行气和胃止痛；谷芽养阴消导和胃，以防燥热伤阴。复诊随症加减，伴外感风寒者，加桂枝汤辛温解表散寒；伴经量多者以鹿含草、茜草、仙鹤草活血补虚止血，使止血不留瘀；伴大便干结者以生白术、炒枳壳、炒莱菔子、瓜蒌子调气润肠通便。

（三）调和肝脾法

用于肝脾不和之证，以肝气郁滞，木郁乘土，脾失健运，清阳不升为证候特点。《血证论·脏腑病机论》云："木之性主于疏泄，食气入胃，全赖肝木之气以疏泄之，而水谷乃化；设肝之清阳不升，则不能疏泄水谷，渗泄中满之症，在所不免。"情志失调，肝气郁结，木郁土虚，气机升降失常，清浊不分而为泄泻。临床主要表现为腹中雷鸣，攻窜作痛，腹痛即泻，泻后痛减，每逢精神紧张或抑郁恼怒之时加重，舌淡红，苔白，脉弦。方用痛泻

要方加减，抑肝扶脾即所以和。

案一 沈某，女，37岁。初诊日期：2017年11月1日。患者下腹疼痛，痛泻时作，舌淡红，苔薄白腻，脉沉细弦。证属肝郁脾虚。治宜抑肝扶脾理泻。

处方：炒白术12g，炒白芍15g，防风9g，炒薏苡仁30g，炒山药15g，炒黄连5g，炒木香6g，延胡索9g，地锦草15g，白头翁15g，梅花5g，厚朴花9g，鸡骨草15g，炒党参15g，佛手花6g。7剂，水煎服。

2018年1月6日二诊：患者药后诸症好转，近日脘腹胀满。

处方：柴胡10g，炒白术12g，炒白芍15g，制香附10g，郁金10g，炒防风9g，姜竹茹9g，浙贝10g，茯神9g，鸡骨草15g，生薏苡仁30g，炒木香6g，猫爪草15g，绿梅花5g，炒黄芩10g。7剂，水煎服。

2018年3月17日三诊：前方去浙贝、鸡骨草，加姜半夏9g，地锦草15g。7剂，水煎服。此后以本方随症加减治疗，症情稳定。

按 《医方考》云："泄责之脾，痛责之肝，肝责之实，脾责之虚，脾虚肝实，故令痛泄。"本案肝气郁结，肝气横逆，乘脾犯胃，脾胃受制，气机失调，运化失常，清气不升，反而下降，故腹痛、腹泻。以痛泻要方合香连丸加减。方中白术健脾燥湿和中；白芍养血柔肝，使肝气条达，缓急止痛，抑肝扶脾，兼益脾阳；防风散肝郁，醒脾气，胜湿止泻，兼引诸药入脾；梅花、厚朴花、佛手花等理气不伤阴之品助脾胃之升降；木香配伍黄连清热燥湿行气；地锦草、白头翁、鸡骨草清热解毒；延胡索活血止痛；配伍炒薏苡仁、炒山药、炒党参健脾益气，实脾土以治本。复诊伴有肝胃不和之脘胀者，以柴胡疏肝散调和肝胃。诸药合用，肝气疏泄，脾胃调和，收获良效。

案二 王某，女，35岁。初诊日期：2017年11月4日。患者平素精神焦虑，更衣失常，时溏时结，脘腹疼痛，舌淡红，苔薄，脉弦。证属肝郁脾虚。治宜抑肝扶脾。

处方：绿梅花5g，玫瑰花6g，佛手花9g，炒扁豆花9g，厚朴花9g，炒白术12g，炒白芍15g，炒防风9g，钩藤（后下）12g，延胡索10g，郁金10g，茯神9g，紫贝齿（先煎）12g，柏子仁10g，地锦草15g。7剂，水煎服。

2017年11月11日二诊：诉药后诸症好转，前方去玫瑰花、佛手花、扁豆花、柏子仁、地锦草，加合欢花9g，玳玳花6g，木槿花9g，浙贝10g，鸡骨草15g。7剂，水煎服。

2017 年 11 月 25 日三诊：诉药后诸症好转，前方去木槿花、炒白芍，加炒扁豆花 9g，炒赤芍 12g。7 剂，水煎服。

按 本案患者精神焦虑，情志不舒，肝郁气滞，疏泄无权，横逆犯脾胃，脾升胃降功能失职，大肠传导失司，则大便时溏时结；气机阻滞胃肠，则脘腹疼痛。以五花饮合痛泻要方疏肝理气，健脾止泻。五花饮方取叶天士用轻剂调拨气机之法，绿梅花平肝和胃；玫瑰花色赤入血，能解郁疏肝；白扁豆花益气健脾；佛手花芳香行气；厚朴花苦温燥湿；以五花清轻宣化，升清气，化湿浊，调和脏腑。以痛泻要方加减抑肝扶脾止泻。辅以茯神、紫贝齿、柏子仁养心安神，疏解焦虑情绪，缓和气机郁滞之证。

（四）调和肠胃法

用于肠胃不和之证，以津亏液少，肠道失润，传导失司为证候特点。胃肠积热，或肝郁气滞侵犯脾胃，或湿蕴脾胃，阻遏气机，耗伤津液，导致肠道干涩，大肠传导失司而大便干结。临床主要表现为脘腹胀满，大便次数减少，大便干结难下，口干，舌红，苔少，脉细弦。方用增液汤合枳术丸加减，养阴增液，润肠通便即所以和。

案一 章某，女，92 岁。初诊日期：2018 年 4 月 10 日。患者更衣不畅，数日一行，腹部胀满，舌红苔薄，脉沉而细。证属阴虚浊滞，肠胃失和。治宜养阴化浊，润肠通便。

处方：生地 30g，生白术 12g，麦冬 12g，玄参 15g，川朴 9g，莱菔子 12g，瓜蒌子 15g，木蝴蝶 3g，火麻仁 15g，浙肉苁蓉 9g，覆盆子 12g，益智仁 10g，红景天 6g，桑椹 15g，三七花 5g。14 剂，水煎服。

2018 年 5 月 8 日二诊：诉药后大便不畅好转，前方生地减为 15g，生白术加至 20g。14 剂，水煎服。

2018 年 5 月 24 日三诊：诉大便顺畅，前方去木蝴蝶、红景天、桑椹，加炒枳壳 10g，郁李仁 9g，柏子仁 10g。14 剂，水煎服。

2018 年 6 月 19 日四诊：诉药后诸症好转，大便已通畅，前方去炒枳壳、郁李仁、柏子仁，加北沙参 15g，木蝴蝶 3g，槟榔 10g。14 剂，水煎服。

按 本案患者年事已高，阴液亏损，肠道失于濡润，加之肾气不足，推动无力，大肠传导失司，故更衣不畅，数日一行。方以增液汤养阴增液行舟为君药；生白术升清阳，健脾运，疏通气机，《神农本草经读》云："白术之功在燥，而所以妙处在于多脂"，故有通便之功；以厚朴、莱菔子和降胃气，

胃腑趋和，肠道气顺，大便自畅；瓜蒌仁、火麻仁润肠通便；肉苁蓉、覆盆子、益智仁、桑椹温补滋肾，润燥通便；红景天、三七花补气养血活血。全方养阴化浊，疏通气机，调和胃肠，润肠通便。

案二 丁某，女，85岁。初诊日期：2018年3月2日。患者大便时结时溏，夜寐不安，舌红苔薄，脉沉细弦。证属肝脾不调，肠胃不和。治宜调和肠胃。

处方：生白术12g，生白芍15g，炒防风6g，鸡骨草15g，炒黄连5g，延胡索10g，麦冬12g，绿梅花5g，炒枳壳10g，茯神9g，龙骨（先煎）30g，制远志9g，灯心草3g，钩藤（后下）12g，瓜蒌子15g。7剂，水煎服。

2018年4月6日二诊：诉药后便畅寐安，前方去生白芍、鸡骨草、延胡索，加炒赤芍12g，北沙参12g，炒木香6g。7剂，水煎服。

2018年5月4日三诊：诉药后诸症好转，前方去炒赤芍，加生白芍15g。7剂，水煎服。

按 本案脾胃虚弱，土虚木乘，脾胃升降失常，气滞湿阻，气机失调，致大肠传导失职，则大便时溏时结。方中生白术合炒枳壳，一升一降，调畅胃肠气机；生白芍补肝之阴血，有通便之效；麦冬养阴润燥，瓜蒌仁润肠通便；鸡骨草、黄连清热燥湿；钩藤、茯神、龙骨、制远志、灯心草镇惊养心安神；诸药合用，肠胃调和，大便正常。

（五）调和心脾法

用于心脾不和之证，以心脾两虚，气血不足为证候特点。气能生血，血液乃水谷精微化生，正如《灵枢·决气》："中焦受气取汁，变化为赤，是谓血。"脾胃虚弱，气血生化不足，子病及母，心血不足，或气不摄血，血溢脉外。临床主要表现为心悸，多梦，神疲乏力，纳差，舌淡嫩，苔薄，脉细。方用归脾丸，健脾养心即所以和。

案一 黄某，男，35岁。初诊日期：2018年5月6日。患者2018年4月6日因十二指肠球部溃疡出血、贫血住院治疗，当时胃镜提示：十二指肠球部溃疡（A1），慢性浅表性胃窦炎。刻诊：心悸时作，脘腹胀满，食欲不振，肢体倦怠，面色萎黄，舌淡苔白，脉细。证属心脾气虚证。治宜健脾益气，养心化浊。

处方：黄芪30g，炒党参12g，太子参12g，炒白术15g，黄芩炭10g，仙鹤草 30g，蒲公英 15g，车前草 30g，浙贝母 10g，厚朴花 10g，木蝴蝶 3g，炒木香 9g，预知子 10g，制黄精 30g，枸杞子 15g。7 剂，水煎服。

2018 年 5 月 13 日二诊：诉药后脘腹胀满好转，心悸亦平，前方去炒党参，加炒木香至 10g，太子参至 20g。14 剂，水煎服。

2018 年 6 月 3 日三诊：诉药后食欲渐增，前方去太子参、黄芩炭，加炒党参 20g。14 剂，水煎服。

此后以本方随症加减，守方继进，服中药 2 个月后，于 2018 年 7 月 7 日复查胃镜提示：慢性浅表性胃炎。7 月 14 日复查血常规提示红细胞数已经正常，血红蛋白已由 79g/L 升至 86g/L。

按 本案患者失血后，脾胃虚弱，运化失职，水谷不化，故食欲不振，脘腹胀满；脾气亏损，气血生化不足，心失所养，心神不宁，则心悸。方中黄芪、炒党参、太子参、炒白术健脾益气，以滋气血生化之源；黄芩炭、仙鹤草清热止血；蒲公英、车前草、浙贝母清热化湿，以防温燥伤胃；厚朴花、木蝴蝶、炒木香、预知子理脾胃之气，补而不滞；制黄精、枸杞子滋先天以充后天。全方补而不滞，泻不伤正，平补缓攻，以调代补，和脾胃，养心血。

案二 徐某，男，2 岁。初诊日期：2018 年 7 月 9 日。患者语言迟缓，夜寐不宁，舌苔薄白，指纹淡红。证属心脾两虚，肝木偏旺。治宜补益心脾，平肝开窍。

处方：太子参 15g，炒白术 10g，茯神 9g，生白芍 10g，牡蛎 15g，龙骨 15g，郁金 10g，石菖蒲 6g，灯心草 2g，百合 10g，麦冬 10g，蝉衣 5g，柏子仁 10g，小青草 6g，甜叶菊 1g。7 剂，水煎服。

2018 年 7 月 16 日二诊：诉药后夜寐已安，前方去小青草，加益智仁 9g。7 剂，水煎服。

2018 年 7 月 23 日三诊：诉药后诸症好转，前方去牡蛎，加制远志 6g。7 剂，水煎服。

2018 年 8 月 6 日四诊：近来开声，言语增多，前方去龙骨、甜叶菊，加竹沥半夏 6g，姜竹茹 6g。7 剂，水煎服。随访告知，言语正常。

按 舌为心窍，脾之外候，心脾两虚，舌窍失养，则语言迟缓；土虚木乘，肝木偏旺，扰动心神，则夜寐不宁。方以太子参、炒白术健脾益气为君药；生白芍补养肝血；茯神、百合、灯心草、柏子仁、麦冬宁心清火安神；牡蛎、龙骨、蝉衣、小青草、甜叶菊平肝潜阳，清热止痉；郁金、石菖蒲化痰开窍；诸药合用，补益心脾，平肝开窍。

学术成就

徐珊教授主持和参加国家级和省部级等科研课题 30 多项，获国家级和省部级等奖励 20 多项，发表论文 120 多篇，出版著作与译著 30 多部。

第一节　素质教育结硕果

人类进入到 20 世纪末，展望新的世纪，渴望新的发展，实现新的梦想。随着社会的发展，人类生活方式、生存环境和疾病谱的改变，医学模式从原来的生物医学模式转变为"社会－环境－心理－生理－生物医学"的模式，从传统的"一个医生一个病人，开一个处方，做一个手术"的纯治疗型模式转变为群体、保健、预防和主动参与的模式。随着这两个模式的转换，对医学人才培养的要求也将发生重大转变。徐珊教授在教学实践中与时俱进，不断探索与当前社会发展相适应的中医药人才培养模式，特别注重中医药人才素质的全面提升。1996 年 12 月在《中医教育》杂志上发表了《加强中医药大学生素质教育的思考及其对策》论文，1997 年 1 月主持申报的项目"21 世纪中医药大学生人才素质的基本要求与培养途径的研究"获浙江省哲学社会科学"九五"规划重点课题资助，主编的《中医药人才素质教育概论》专著 1998 年 3 月出版发行，研究成果于 1998 年 6 月通过省级评审鉴定，评审专家一致认为成果达到国内该领域的领先水平，填补了空白。《中医药人才素质教育概论》1999 年获浙江省高等教育学会优秀高教研究成果一等奖，2000 年获浙江省教育科学优秀成果一等奖，2002 年 1 月获浙江省第九届哲学社会科学优秀成果著作类三等奖。

通过教育教学的实践，徐珊教授主持完成的《21世纪中医药人才素质教育的模式的研究与实践》成果于 2000 年 12 月获浙江省教学成果一等奖，2001 年 12 月获国家级教学成果二等奖。

一、新时代，新机遇，新要求

徐珊教授常以《素问·气交变大论》所说的"上知天文，下知地理，中知人事"作为医生综合素质的要求。在新的历史发展机遇下，徐珊教授认为，从总体上来说，中医药人才应具备较强的适应能力、开拓创新能力、人际交流能力；要具备坚实的专业知识与技能，掌握宽厚的基础理论、基本知识和基本技能。分而言之，则包括 7 个方面的具体要求。

（1）应当具有历史唯物主义及辩证唯物主义的哲学基础修养，树立科学精神，掌握科学方法。

（2）应当具有广博的基础知识，尤其是包括数、理、化、生命科学与信息科学等自然科学的基础知识及人文和社会科学的基本知识。

（3）应能在本专业领域内熟练使用电子计算机与计算机化情报信息系统。

（4）应在医学领域内具备扎实的专业知识与技能和解决实际问题的能力，能把握医学科学的发展方向。

（5）应具有自学提高和不断自我完善的能力，具有较强的适应能力和竞争创新意识。

（6）应具有较好的表达能力和人际交流能力，能参与社区保健及开展健康教育。

（7）熟练掌握一门以上的外国语言，能跟进中医药学术的国际交流。

基于上述要求，中医药大学生素质结构可以概括为 5 个方面。

（1）思想道德素质：主要涵盖 4 个方面的表现。

1）坚持社会主义的方向，有正确的人生观、世界观和价值观，全心全意为人民服务，具有高尚的道德情操等。

2）有良好的文明行为习惯，如诚实、守信、认真、勤奋、谦虚、整洁等。

3）具有与现代社会相合拍的意识，如竞争意识、效率意识、环境意识、国际意识、法制意识等。

4）自觉遵守医学职业道德和行为规范。

（2）文化素质：注重人文精神和人文教养，重视自身的教化和塑造，有

较高的文化品位、格调、情感、审美和艺术追求。

（3）业务素质：大致由 3 部分组成。

1）良好的中医药知识和技能结构。

2）自学能力、利用信息的能力、实践和动手能力、社会活动能力等。

3）创造性思维、医学科学的研究能力、想象力、洞察力等。

（4）心理素质：主要表现为下列的品格。

1）健全的人格，自尊、自重、乐观、豁达，并能尊重他人，关心他人，易与他人沟通交流、合作共事等。

2）正视现实，参与竞争，习惯于接受挑战，乐于接受新鲜事物，意志坚定，具有较强的承受挫折和失败的能力。

3）智力、专长和心理的和谐统一。

（5）身体素质：健康的体格、健全的体能，具有良好的灵活性、耐力、适应力，养成良好的卫生习惯和生活规律等。

二、新问题，新思路，新举措

自 20 世纪 50 年代末期开办高等中医教育到 20 世纪末，我国高等中医教育已经走过了 40 多个年头，虽然在人才培养，推进学术发展等方面取得了有目共睹的成就，但是面对 21 世纪医学科学及生命科学的发展，仍然存在一些不相适应的问题。徐珊教授从高等中医药院校的培养目标、课程设置、课程结构体系、教学方法等方面提出了 21 世纪初期高等中医教育面临的一些问题与挑战。

（1）高等中医药院校均为独立建制，与理工大学脱离。有的院校、专业目前仍不开设数学、物理等自然科学课程，因而不可能培养出理医工复合型的高层次专门人才。

（2）培养目标仍然是满足传统纯生物医学模式与治疗型模式的医生，显然不能适应 21 世纪的需要。

（3）中医药学的专业设置面窄径小，缺乏广泛的适应能力。

（4）专科、本科、硕士、博士的学科专业、课程层次不清晰，衔接不合理。

（5）高等中医教育越来越重视学科专门化，以致学生知识面狭窄，缺乏应变能力；外语水平低，难以参与国际交流；计算机和情报信息利用率不高，缺乏竞争能力。

（6）课程结构体系仍然是开办之初的"公共课－专业基础课－专业课"的模式，这种模式过分追求基础课为专业课服务，强调专业学科的独立性和自身完整性，不能适应医学科学的发展及医学模式的转换，有意无意中存在着基础不宽、能力不强、后劲不足等缺陷。

（7）教学方法仍是先基础、后临床、以课堂为中心、以教师为中心的传统教学模式。教师习惯并拘泥于传统学科范畴，难以开拓创新。课堂灌输知识，缺乏学生的主动参与机制，影响学生自学能力和开拓创新意识的培养。

（8）长期以来，把大学教育等同于职业教育，"重技术、轻素质""重专业、轻教养"，使智力、专长与心理不能和谐统一。

（9）高等中医教育"一次完成论"仍有很大市场，毕业后的岗位培训和继续教育得不到应有的重视。

上述问题若是不能很好地解决，将会对中医药的发展造成贻误。徐珊教授对此深感忧虑，指出高等中医教育改革迫在眉睫，而改革的前提是首先要理清思路，正确认识并处理好中医学与西医学的关系、通才培养和专才培养的关系、知识传授与能力培养的关系、专业知识能力培养和全面素质提高的关系。理清了上述关系，提出了一系列举措。

（1）更新教育思想、教育观念：高等中医教育要注重素质教育、重视能力培养、注意个性发展，全面实行因材施教。

（2）调整学科专业结构：高等中医教育要与国家、地方卫生人才培养和使用紧密衔接，与卫生保健体制改革密切结合，按需要设置学科专业。

（3）制定新的教学计划：要体现全面发展的原则、基础性原则、整合性原则、广博性原则、灵活性原则等。推行各专业前期基础课程相对统一，后期采用按社会需求和学生志愿分流的方法。

（4）更新和优化课程体系：新的课程结构体系，必须体现出加强基础、拓宽专业、增强适应、突出能力的时代要求，将传统的"公共课－专业基础课－专业课"的结构模式改组成为模块式课程组合结构。

（5）改进教育教学方法：将传统的以课堂为中心变为课堂传授与校园文化有机结合，计划课程与演讲、讲座、社团活动、兴趣小组等隐性课程相得益彰。将传统的以教师为中心变为教师讲授与学生自主学习、实验、医疗试诊相结合的实践学习单元，创造条件让学生主动参与，以提供学生自学、自我教育、自我发展得更大空间，培养创造与开拓的能力。

（6）推行和完善学分制：克服原有统一标准、单一模式、学生被动接受

知识的弊端，培养学生的学习能力、自我发展能力，淡化专业，促进学科交叉，这将会有利于师资水平、管理水平的提高。

（7）改革思想政治教育：应当充实和加强面向 21 世纪的现代观念和意识教育、伦理道德教育、中国传统文化教育、人格和心理方面的教育等。

（8）建立终身的中医药教育制度：科学技术的发展，新知识和新技术在医疗实践中的应用，以及知识更新周期的加速，促使医学科学和卫生服务专业化地迅速发展，因而，中医药人才素质的进一步提高，必须建立高等中医药院校教育、毕业后教育和继续教育连续统一的终身教育制度。

三、新探索，新机制，新成效

在 21 世纪，高等中医教育的功能和培养目标，不仅仅只是给学生中医药专门知识和谋生就业的技能，从根本上说，是学生的适应能力、创造能力、交流能力和自我发展能力的全方位培养。徐珊教授和他的团队为了实现这一目标，为中医药事业培养更多的优秀人才，首先在课程设置等方面作了一系列探索，所承担的课题"本科中医药课程建设标准及评价指标体系研究"被列为"1998 年国家中医药管理局高等中医药教育面向 21 世纪教学内容和课程体系改革"重点项目，建立了符合面向 21 世纪高等中医药教育改革和发展需要的课程设置，并具有较强的科学性、实用性和可操作性。

1. 建立符合培养高层次复合型人才目标的课程体系

（1）采用基础加模块的格局，将各本科专业课程体系分为公共基础、专业基础、公共专业、专业方向、选修 5 个部分，分别确定各个部分的学分及所占的百分比、总学时、周学时等。

（2）调整课时结构，压缩理论课教学时数，课时平均缩减 10%，减少周学时数，增加人文课程和实验实习时数。

（3）加强计算机、英语和实践教学，注重实践技能和创新能力的培养。

（4）开设医学心理学、医学伦理学、全科医学基础、卫生法学等必修课，增加心理健康概论、医学社会学、社会关系学、中国传统文化概论、传统文化与中医药、现代管理学基础、中医美学等选修课，介绍医学模式的转换、疾病谱的变化、新型医患关系及医疗制度的改革、医院经营模式的转变等。

2. 制定重视知识能力素质教育培养的课程教学大纲

根据新的教学计划，参照国家中医药管理局科技教育司的教学指导大纲，对教学大纲作了全面的修订，新的大纲做到符合教学计划对人才培养全局和课程体系的要求。

（1）精选教学内容，体现知识、能力、素质等的协调发展。教学内容分掌握（50%）、熟悉（30%）和了解（20%）三档要求，精讲重点、难点、疑点。

（2）理论教学和实践教学分别列出。实践教学时间，公共课不少于10%，专业基础课不少于20%，专业课为35%～50%。

（3）充分利用现代教学技术，增加课堂教学的信息量，每门课程有10%左右时间用于介绍本学科的新进展和新成果。

（4）每门课程确立1～2个章节作为自学内容，精心指导，列出参考书目，提出具体要求等，让学生拥有充分的自学权。

（5）改进考试方法，注重学生实际能力的考核，基础课的考试内容中考核知识和考核能力的题目比例为7：3，专业课为6：4。

3. 规范教材建设工作

（1）设立了教材建设基金，组织教师编写具有时代特征、反映最新成果的教材。

（2）严格执行了教材审核制度。

4. 运用灵活和先进的教学方法

（1）教学方法：采用启发式、讨论式、研究式等教学方法，充分调动学生的学习积极性、主动性和创造性，重视学生自学能力和创造能力地培养。

（2）教学手段：重视现代信息技术和现代教育技术在教学中的应用。

（3）考试方法：积极推行教考分离，使考试成绩能客观、公正、真实地反映学生学习情况。

5. 建立科学而严格的教学管理制度

在教学管理、学生管理等方面制订了一系列规章制度，在教学全过程的规范管理、教学评价体系、教师的选拔聘用、考核和奖惩及学生综合考核等多方面加以严格的科学管理，做到有章可循。

（1）制订主要教学环节的质量标准。

（2）加强教学评估与检查。

6. 基本形成较高学术水平的师资队伍

在开展课程建设与评估工作中，十分重视师资队伍建设，不断调整师资

浙江中医临床名家·徐珊

队伍结构，加大人才引进、师资培训等环节的工作力度，基本形成一支职称结构、年龄结构、学历结构合理，政治、业务素质优良，数量规模适度，发展趋势良好的师资队伍。

徐珊教授主持完成的《中医专业课程评价指标体系的研究与实践》成果于 2003 年获浙江省教育科学"九五"规划重大研究成果二等奖等，2005 年10 月获浙江省教学成果二等奖。

第二节　温病防治定方案

自 2002 年 11 月开始，传染性非典型肺炎在我国和世界各地陆续发生，并在一定范围内流行，对人民生命财产和世界经济发展造成了重大损失。面对这一未知的疫情，中西医医务工作者不断努力，以冀早日攻克难关，走出困境。在这一非常时期，徐珊教授作为浙江省传染性非典型肺炎防治专家，负责承担了浙江省科技计划项目"浙江省传染性非典型肺炎中医药防治方案的研究"，在中医药学的理论指导下，结合浙江省的实际，组织制定了《浙江省传染性非典型肺炎中医药防治技术推荐方案》。

一、预防方面（辨体施防）

中医药预防传染性非典型肺炎主要为非特异性预防，通过增强人体的抗病能力，调动人体的一切积极因素发挥防病治病的作用，从而预防传染性疾病。其中，内服中药是一种重要的预防方法。预防性应用中药必须针对病因，中守病机，以固卫解毒为基本预防法则，并依据疫情流行的不同时间、不同地点的气候变化和易感人群的体质差异，做到因时、因地、因人制宜，避免千人一方所带来的缺陷。特别是应结合人的不同体质，使预防处方更具针对性，更好地发挥预防效果。

1. 肺虚体质

主要表现：面色淡白，体倦乏力，形寒畏冷，少气懒言，汗自出，容易感冒，舌淡苔白，脉细弱。

治法：益气固表解毒。

方药：生黄芪 15 克，白术 10 克，防风 10 克，银花 10 克，连翘 10 克，贯众 10 克，生甘草 5 克。

用法：水煎服，日服 1 剂。疗程遵医嘱。

2. 脾虚体质

主要表现：面色淡白，四肢乏力，形寒畏冷，四末欠温，纳少腹胀，大便溏稀，小便清利，唇色淡白，舌淡苔白，脉细弱。

治法：益气健脾解毒。

方药：党参 15 克，白茯苓 10 克，白术 10 克，薏苡仁 20 克，防风 10 克，银花 10 克，连翘 10 克，贯众 10 克，生甘草 5 克。

用法：水煎服，日服 1 剂。疗程遵医嘱。

3. 阴虚体质

主要表现：平素形体消瘦，口燥咽干，颧部发红，心中时烦，烘热时作，手足心热，小便短黄。舌红少苔，脉细数。

治法：养阴清热解毒。

方药：沙参 15 克，麦冬 10 克，石斛 10 克，芦根 15 克，银花 10 克，连翘 10 克，黄芩 10 克，生甘草 5 克。

用法：水煎服，日服 1 剂。疗程遵医嘱。

4. 内热体质

主要表现：唇面多赤，急躁好动，精神亢奋，口干口渴，口中气臭，食少便结，或食多易汗，睡眠不宁，辗转反侧，龂齿咬牙，夜惊梦多，皮肤较干燥，小便黄而臊臭，易患感冒发热，热势往往较高，或见高热惊厥，舌质偏红，苔黄燥，脉数。

治法：清热泻火解毒。

方药：鱼腥草 15 克，黄芩 10 克，贯众 10 克，蒲公英 15 克，大青叶 10 克，芦根 15 克，生甘草 5 克。

用法：水煎服，日服 1 剂。疗程遵医嘱。

5. 痰湿体质

主要表现：平素身体肥胖，或嗜食肥甘，嗜睡多卧，口中黏腻，胸脘痞闷，痰多，或食少，恶心呕吐，大便溏泻，妇女白带过多。舌体肥大，苔腻而厚，脉濡或滑。

治法：豁痰化湿，清热解毒。

方药：苍术 10 克，藿香 10 克，制半夏 10 克，薏苡仁 15 克，鱼腥草 15 克，黄芩 10 克，桔梗 6 克，生甘草 3 克。

用法：水煎服，日服 1 剂。疗程遵医嘱。

6. 血瘀体质

主要表现：平素面色皮肤晦滞，或有色素沉着，肌肤甲错，或局部有肿块青紫，刺痛及出血斑点，妇女痛经，经闭，经色紫黑有块，崩漏等。舌紫暗或有瘀斑、瘀点，脉细涩或结代。

治法：活血化瘀解毒。

方药：丹参 15 克，败酱草 15 克，虎杖 10 克，黄芩 10 克，桃仁 10 克，丹皮 10 克，赤芍 10 克，生甘草 3 克。

用法：水煎服，日服 1 剂。疗程遵医嘱。

二、治疗方面（辨证论治）

非典型肺炎属于中医"温疫"病的范畴。病因为感受疫毒时邪，病位在肺。基本病机特点为热毒痰瘀，壅阻肺络，热盛邪实，湿邪内蕴，耗气伤阴，甚则出现气急喘脱的危象。在中医学理论体系的指导下，对非典型肺炎主要运用卫气营血辨证并结合常见症状进行辨证论治。

（一）卫分证治

非典型肺炎发病的早期以毒袭肺卫等为主要特征。

主症：发热，恶风，无汗，头疼，周身酸楚，干咳，乏力，气短，口渴咽干，舌边尖红苔薄白或薄黄，脉浮数。

治法：疏表清热解毒。

方药：银翘散加减。

银花、连翘、大青叶、蚤休、蒲公英、虎杖、薄荷、芦根、荆芥穗、牛蒡子、豆豉、甘草等。

（二）气分证治

SARS 发病的中期以疫毒壅肺和湿热郁阻等为主要特征。

1. 疫毒壅肺证

主症：壮热，不恶寒，但恶热，口渴欲饮，汗多，心烦，气粗，大便秘结，小便短黄，面赤，舌红，苔黄少津，脉洪数。

治法：清热宣肺解毒。

方药：白虎汤加减。

知母、石膏、黄连、山栀、黄芩、连翘、大青叶、蚤休、虎杖、甘草等。

2. 湿热郁阻证

主症：发热恶寒，午后热甚，心烦口渴、胸闷、脘痞、两胁胀满，呕恶口苦，心烦纳呆，呛咳，痰黏难出，汗出，溲赤便溏，倦怠乏力，舌苔黄腻，脉滑数。

治法：清泻少阳，分消湿热。

方药：蒿芩清胆汤加减。

青蒿、竹茹、法半夏、赤茯苓，黄芩、炒杏仁、陈皮、生薏苡仁、枳壳、滑石、苍术，郁金等。

（三）营血分证治

非典型肺炎发病的极期，可见热毒壅盛，邪盛正虚，气阴两伤，内闭外脱等证。

1. 气血两燔证

主症：壮热，口渴，头痛，烦躁不宁，或神昏谵语，肌肤发斑，咳嗽痰中带血或咳血，舌红绛，苔黄少津，脉数。

治法：清热凉血解毒。

方药：清瘟败毒饮加减。

石膏、生地、犀角、黄连、山栀、黄芩、玄参、连翘、麦冬、竹叶心、连翘、紫雪丹等。

2. 痰热壅肺证

主症：咳嗽，气息粗促，或喉中有痰声，痰多而黄稠，咯吐不爽，或痰气腥臭，或吐脓血痰，胸闷胸胀，面赤，发热，口干欲饮，舌质红，苔黄腻，脉滑数。

治法：清热凉血，化痰止咳。

方药：清金化痰丸加减。

瓜蒌仁、浙贝母、鱼腥草、蒲公英、葶苈子、橘红、桔梗、黄芩、栀子、甘草等。

3. 邪盛正虚，内闭喘脱证

主症：发热不甚，或有潮热，喘促，气短，倦怠嗜卧，语声低微，汗出肢冷，四肢厥逆，面色紫绀，舌绛苔腐，脉微欲绝或沉细而迟。

治法：益气固脱，通闭开窍。

方药：参附汤加减，送服安宫牛黄丸。或大剂量静脉点滴生脉注射液或参附注射液及清开灵注射液，并用参附汤送服安宫牛黄丸。

红参、炮附子、山萸肉、黄精、煅龙牡、炙麻黄、炙甘草等。

（四）恢复期证治

在非典型肺炎的恢复期，以气阴两伤，肺脾两虚，湿热瘀毒未尽为特征。

1. 毒恋阴分证

主症：身热不甚，久留不退，手足心热甚于手足背，或夜热早凉，热退无汗，口干，舌干红绛，甚则紫晦而干，脉细数。

治法：滋阴养液，清解余毒。

方药：青蒿鳖甲汤加减。

青蒿、鳖甲、生地、知母、麦冬、玄参、丹皮、芍药等。

2. 肺肾两虚，气不纳元证

主症：喘促，呼多吸少，气不接续，动则更甚，汗出，腰酸腿软，舌红少苔，脉沉细。

治法：补肺益肾纳气平喘。

方药：百合固金汤加减。

百合、熟地、生地、麦冬、芍药、贝母、五味子等。

3. 气阴耗伤证

主症：神疲萎靡，气短，口渴，汗出，倦怠微烦，四肢欠温，舌红或淡红，脉细数无力。

治法：益气养阴固脱。

方药：生脉散加减。

人参、西洋参、黄芪、五味子、麦冬等。

（五）主要症状证治

在非典型肺炎的发生发展过程中，发热、咳嗽、喘促、疼痛、脱证等为其临床主要症状，以中医学理论体系为指导，在卫气营血辨证的基础上，可结合主要症状进行辨证论治。

1. 发热

发热是本病的最主要症状，是正气抗邪，邪正相争的全身性反映。正能胜邪，则热退邪却。持续发热，则能耗伤津气，甚至阴竭阳脱而死亡。在发热过程中，一般具有卫气营血各阶段的证候变化。本病早期，毒袭肺卫，正气较盛。一般属实证发热。中期疫毒入于气分，正盛邪实。病至极期，毒侵营血，病情凶险。恢复期因邪热久羁，耗损阴津，一般属血分虚热证。

（1）毒袭肺卫证（早期）：主症、治法、方药见卫分证治。

（2）热毒壅肺证（中期）：主症、治法、方药见气分证治。

（3）湿热郁阻证（中期）：主症、治法、方药见气分证治。

（4）气血两燔证（极期）：主症、治法、方药营血分证治。

（5）毒恋阴分证（恢复期）：主症、治法、方药见恢复期证治。

2. 咳嗽

咳嗽也是本病的最主要症状，由肺气不清，失于宣肃所致。一般以卫分和气分阶段表现为多，属于实证热证。咳嗽时久，耗损气津，损害肺脏，也可延至恢复期血分虚热阶段。

（1）疫毒犯肺证（早期）。

主症：咳嗽不爽，痰黄，或干咳，气喘，发热，微恶风寒，口渴，咽痛喉痒，舌尖红，苔薄黄，脉浮数。

治法：疏风解毒，清肺止咳。

方药：麻杏石甘汤加减。

麻黄、生石膏、杏仁、黄芩、桑白皮、苏子、浙贝母、豆豉、栀子、甘草等。

（2）痰湿蕴肺证（中期）。

主症：咳嗽声重，痰多易咯，质黏稠，色白或灰，胸闷脘痞，呕恶食少，体倦嗜卧，大便溏薄，舌苔白腻，脉濡或滑。

治法：燥湿化痰，宣肺止咳。

方药：苍白二陈汤加减。

制半夏、陈皮、苍术、白术、茯苓、苏子、白芥子、鱼腥草、藿香、佩兰、菖蒲等。

（3）痰热壅肺证（极期）：主症、治法、方药见营血分证治。

（4）肺肾阴虚证（恢复期）。

主症：干咳，咳声短促，痰少而黏难咯，或痰中夹血，或声音嘶哑，口干咽燥，或午后潮热，颧红，手足心热，盗汗，形体消瘦，舌红，少苔，脉细数。

治法：养阴润肺止咳。

方药：沙参麦冬汤加减。

沙参、玉竹、花粉、麦冬、川贝母、杏仁、百部、知母、黄芩、生扁豆、冬桑叶、甘草等。

3. 喘促

喘促又称气喘，是肺脏实质性脏器损害的表现，主要与肺气上逆，肾气失纳有关。一般出现在气分阶段，发展迅速，来势凶险，属实属热。由于毒盛伤正元气败绝，也见内闭喘脱之证。病至恢复期，损害肺脏，累及于肾，表现为气不纳元之虚证。

（1）痰湿瘀毒，壅阻肺络证（中期）。

主症：胸闷憋气，气短息促，面紫唇绀，精神委顿，体倦乏力，频繁咳嗽，胸中痰滞，咯痰不爽，胃脘痞闷，不思饮食，小便短赤，大便不爽，舌淡暗，苔黄腻，脉沉细而数。

治法：益气解毒，化痰利湿，凉血通络。

方药：活血泻肺汤加减。

生黄芪、金银花、当归、赤芍、泽兰、丹皮、旋覆花、车前子、葶苈子、紫菀、桑白皮、生薏苡仁、生甘草。

（2）邪盛正虚，内闭喘脱证（极期）：主症、治法、方药见营血分证治。

（3）肺肾两虚，气不纳元证（恢复期）：主症、治法、方药见恢复期证治。

4. 疼痛

头身疼痛形成的原因，主要是经气不利所致。早期，疫毒客于肌表，或湿热著于肌表，气血周行受阻，以卫分证候为主。病至气分、营分、血分，瘀阻络脉，也能引起头身疼痛。

（1）疫毒束表证（早期）。

主症：周身疼痛，发热，微恶风寒，无汗，鼻塞流涕，咽痒咳嗽，舌偏红，苔薄黄，脉浮数。

治法：宣解疫毒，透邪外达。

方药：荆防败毒散加减。

荆芥、防风、羌活、独活、川芎、片姜黄、蝉衣、苍术、黄芩、青蒿、苏叶、甘草等。

（2）湿著肌表证（早期）。

主症：周身疼痛，肢体沉重，头胀如裹，或见恶寒发热，无汗，舌苔白腻，脉濡。

治法：祛风胜湿。

方药：羌活胜湿汤加减。

羌活、独活、藁本、苍术、藿香、防风、虎杖、川芎、甘草等。

（3）瘀阻络脉证（中期或极期或恢复期）。

主症：周身疼痛，如针刺之状，转侧不利，舌暗有瘀斑，脉沉涩。

治法：活血化瘀通络。

方药：身痛逐瘀汤加减。

秦艽、川芎、桃仁、红花、甘草、羌活、当归、五灵脂、香附、牛膝、地龙、延胡索等。

5. 脱证

脱证是本病的危笃表现，疫毒深入营分血分，正气大伤，肺、心、肝、肾等脏衰竭，出现亡阴、亡阳，以及阴阳俱亡等证候。

（1）气阴耗伤证（恢复期）：主症、治法、方药见恢复期证治。

（2）真阴衰竭证（极期）。

主症：神恍惊悸，面色潮红，汗出如油，口渴欲饮，饮不解渴，身热心烦，形体消瘦，舌红绛光剥干枯无苔，脉虚数或结代。

治法：救阴固脱。

方药：三甲复脉汤加减。

生牡蛎、鳖甲、龟板、生地黄、麦冬、山萸肉、白芍、五味子、炙甘草等。

（3）阳气暴脱证（极期）。

主症：神情淡漠，面色苍白，四肢厥冷，冷汗淋漓，息微唇绀，体温不升，舌淡，脉微弱欲绝或不能触及。

治法：回阳固脱。

方药：参附汤合四逆汤加减。

红参、熟附子、干姜、生龙骨、牡蛎、炙甘草等。

（4）阴阳俱脱证（极期）。

主症：神志昏迷，面色苍白或灰暗，气少息微，四肢冰冷，汗出如油，目呆口开，手撒遗尿，舌质淡胖，脉沉微欲绝。

治法：回阳救阴。

方药：四逆汤合生脉散加减。

熟附子、干姜、炙甘草、五味子、红参、麦冬、桂枝、黄芪等。

"浙江省传染性非典型肺炎中医药防治技术推荐方案"在全国率先提出辨体施防的新预防观。传染性非典型肺炎中医药辨体施防的预防观充分

体现了中医学的特色和优势，因而受到专家和临床技术人员的高度肯定，传染性非典型肺炎辨体施防的内服中药方案被华东地区中医防治非典型肺炎专家咨询组制定的《传染性非典型肺炎（SARS）中医药防治指南》全文录用。

方案还提出传染性非典型肺炎分期论治和主症辨治相结合的治疗观。在传染性非典型肺炎的发生发展过程中，发热、咳嗽、喘促、疼痛、脱证等为其临床主要症状，应以中医学理论体系为指导，在运用卫气营血辨证和三焦辨证方法分期论治的基础上，结合对主要症状的辨证论治。这种分期论治和主症辨治相结合的治疗观，集中体现了历经长期临床验证的辨病与辨证相结合的治疗理念，不失为治疗传染性非典型肺炎的有效方案。用防治方案的指导原则可以指导类似传染性疾病的应急诊疗，制订合乎中医药诊疗特点的诊疗体系。

该方案由浙江省卫生厅向各市卫生局、省级有关医疗卫生单位正式下发，并举办了浙江省中医药防治传染性非典型肺炎临床研究预案培训班，对全省、市级中医药防治传染性非典型肺炎临床、科研和管理人员进行了培训，并通过这些技术骨干对基层人员进行培训。《浙江省传染性非典型肺炎中医药防治方案的研究》成果于 2005 年 4 月获浙江省中医药科学技术创新奖一等奖。

传染性非典型肺炎疫情过后，痛定思痛，徐珊教授认为工作重点在于预防为先。徐珊教授在基层竹马公社卫生院做中医时，兼职卫生防疫，用中草药预防传染病，取得较好的效果。在整理总结所用方药的基础上，组织开展了"中药防感喷雾剂的研制"的研究工作，取得预期效果。"一种含大青叶的中药组合物及其应用"于 2011 年 4 月获国家发明专利证书。

第三节　探究脾虚屡获奖

中医药理论的核心是辨证论治，而辨证论治首先要从研究证着手，因此，证的研究是中医迈向现代化的起点。中医学认为"邪之所凑，其气必虚"，正气亏虚是脾胃病发病的重要原因。脾胃病一般病程较长，容易反复，久病多虚，因而在脾胃病的发展及转归过程中，正气强弱是关键。因此，脾虚证在临床极为常见。徐珊教授注重对脾虚证本质的研究，有利于临床更精准地诊断与用药，进一步拓展辨证论治的思路，为中医药现代化提供新的思路与方法。

一、慢性胃炎脾虚证胃黏膜蛋白质表达相关性研究

慢性胃炎是临床常见病、多发病，其发病率居各种胃病之首。对慢性胃炎的诊治研究，一直为医学界所重视。脾气虚证是慢性胃炎中的常见证候，徐珊教授对此进行了一系列研究，探求慢性胃炎脾气虚证宏观和微观的诊断标准和辨证要点，并取得了一定成果，负责完成的研究成果"慢性胃炎气阴两虚证候学研究"获 2002 年度浙江省科学技术三等奖，"慢性胃炎脾虚证胃黏膜蛋白质表达的相关性研究"获 2006 年度浙江省科学技术三等奖。

（一）慢性胃炎脾气虚证的临床研究

根据慢性胃炎的诊断标准、中医辨证标准及排除标准，选择 90 例符合标准的慢性胃炎患者，其中有脾虚证患者 30 例。观察脾虚证患者的症状、体征、胃镜下胃黏膜象及胃黏膜病理检查。结果表明，慢性胃炎脾气虚证的主要症状、体征：胃脘隐痛，食后胀闷，痞塞，纳呆少食，便溏或腹泻，乏力，四肢酸软，舌淡白或淡胖嫩，有齿痕，苔薄白润，脉沉细。慢性胃炎脾气虚证胃黏膜象：胃黏膜白相或红白相间，以白为主，黏液稀薄而多，色多清白，胃壁蠕动减弱，或有黏膜水肿。脾气虚证患者胃黏膜病理多呈现萎缩性改变。

（二）慢性胃炎脾气虚证与胃黏膜细胞凋亡调控基因的相关性研究

人类基因蛋白质组学研究的方法学内容与中医药学的整体观、辩证观显现出较多相似之处。基因组学为中医证候的研究提供了一个切入点，拓展了中医证候实质研究的思路。通过研究证候和基因及其表达模式之间的内在联系，探寻证候相关基因表达谱，是研究中医证候实质的有效途径。

研究表明，细胞增殖与凋亡平衡紊乱是胃黏膜病变的分子生物学基础，细胞凋亡受到许多基因的调控。Bax 是第一个被分离到的 Bcl-2 家族成员之一。Bax 在体内广泛表达，在凋亡旺盛的细胞中表达更强。其生物学作用是拮抗 Bcl-2，抑制或促进细胞凋亡。Bax 蛋白水平高低与凋亡调控直接相关，Bax 增高，促进细胞凋亡，Bax 降低，细胞凋亡受抑制。促凋亡基因 Bax 表达变化可能是胃黏膜恶性转化过程中细胞凋亡异常的主要机制之一。

Fas 基因属于肿瘤坏死因子（TNF）和神经生长因子（NGF）受体的超

家族成员，是一种具有重要功能作用的细胞表面受体。Fas 蛋白诱导细胞凋亡，参与了胃炎的发病过程。P_{16} 基因参与了细胞周期的调控。目前认为，P_{16} 蛋白通过与细胞周期素 D_1 竞争性结合细胞周期蛋白依赖激酶（CDKs），抑制 CDKs 活性，从而阻止 Rb 蛋白的磷酸化，去磷酸化 Rb 蛋白结合的转录因子（EZF）不能被释放活化，使细胞停滞于 G_0 期或 G_1 期，抑制细胞分裂增殖。当 P_{16} 基因出现异常改变时，失去上述对细胞生长的负调控作用，细胞过度增殖生长，导致肿瘤的发生发展。

本研究临床试验根据慢性胃炎的诊断标准、中医辨证标准及排除标准，选择 90 例符合标准的慢性胃炎患者，其中有脾虚证患者 30 例。免疫组化法检测胃黏膜 Bax、Fas 和 P_{16} 的表达。结果表明，慢性胃炎脾气虚证胃黏膜细胞凋亡调控基因 Bax、Fas 表达增强，P_{16} 表达减弱，细胞增殖与凋亡平衡紊乱，细胞凋亡处于相对亢进状态。提示胃黏膜上皮细胞凋亡调控基因蛋白 Bax、Fas 和 P_{16} 与慢性胃炎脾气虚证有很强的相关性，慢性胃炎脾气虚证的实质可能体现于胃黏膜上皮细胞凋亡水平及调控基因的变化。在此基础上进一步深入研究，有望从基因分子水平揭示慢性胃炎脾气虚证实质，为中医基础理论的研究开辟新的途径。

二、慢性萎缩性胃炎（CAG）脾虚证实验鼠细胞凋亡调控基因蛋白的表达

基因蛋白质组学是中医药现代化的一个切入点和突破口，站在现代生命科学的前沿，开展中医证候的基因蛋白质组学研究，具有探索性和开创性的意义。徐珊教授此项研究从基因蛋白组学的角度揭示 CAG 不同证候的实质，进而提出分子水平的诊断学基础，建立微观的辨证指标体系。并率先初步揭示了脾虚证 CAG 大鼠胃黏膜细胞凋亡和细胞增殖相关基因调控蛋白特性、表达调控的变化及其规律，探求 CAG 脾虚的证候实质，为脾虚证候的基因蛋白质分子诊断学基础和微观辨证指标体系，以及动物基因模型复制研究提供思路，奠定基础。负责完成的研究成果"萎缩性胃炎脾虚证实验鼠细胞凋亡调控基因蛋白的表达"获 2009 年度浙江省科学技术三等奖。

（一）CAG 证病结合模型的建立

证病结合是中医药治疗疾病的特色，建立 CAG 证病结合模型可望为

CAG 的中医辨证论治研究提供可靠和有用的工具。

实验研究中根据"疾病模型证候化"的指导思想，在 CAG 造模的基础上，模拟中医传统病因病机，复制大鼠 CAG 肝郁证、脾虚证、湿热证的病证结合模型。单纯 CAG 疾病造模采用 MNNG 和酒精两种因素复制了大鼠 CAG 疾病模型。病理检查发现：各模型组大鼠胃黏膜腺体排列紊乱、稀疏，腺体数目和厚度降低，固有膜中各种炎症细胞浸润（主要是淋巴细胞和浆细胞），胃黏膜厚度变薄，黏膜肌层增厚，病理表现完全符合萎缩性胃炎诊断标准。大鼠证病结合模型是在此基础上，采用苦寒泻下法加饥饱失常法建立脾虚证候模型，采用夹尾加肾上腺素注射法建立肝郁证候模型，采用高脂高糖饮食加人工气候模拟建立湿热证候模型。观察大鼠饲养过程中的精神状况、活动情况、毛发、食欲、体重变化及大便性状等，以及大鼠胃黏膜炎症程度和萎缩程度。结果表明，各模型组大鼠一般情况变化符合中医脾虚证、肝郁证、湿热证表现。各模型组大鼠胃黏膜出现慢性炎症，其中以脾虚 CAG 组大鼠胃黏膜炎症最重，药物干预后，各证候模型组大鼠胃黏膜炎症较药物干预前都有明显减轻。各模型组大鼠胃黏膜厚度较正常对照组均有明显变薄，各模型组中以脾虚 CAG 组大鼠胃黏膜厚度最薄，药物干预后，各证候模型组大鼠胃黏膜厚度较药物干预前都有明显升高。

（二）CAG 不同证型与胃肠激素关系的实验研究

胃肠激素是一组广泛存在于胃肠道的多肽类物质，对调节胃肠运动和维持胃肠道内壁的完整发挥重要作用，胃肠激素分泌失调或受体结构和功能异常均可导致胃肠道疾病，同时胃肠道疾病对胃肠激素也会产生一定影响。

胃泌素（Gas）是由胃窦和小肠上部 G 细胞分泌的一种重要的胃肠激素，其主要生物作用是刺激胃底腺分泌，增加胃泌酸区黏膜血流量，具有促进胃液、胃酸、胃蛋白酶原和胰酶分泌，促进胃肠道黏膜细胞分裂增殖，使 DNA 及 RNA 合成增加，促进胃窦收缩和消化道黏膜生长及营养胃肠道黏膜等生理作用。Gas 对胃黏膜的这种营养作用对维持其正常组织结构和功能起着十分重要的作用。内皮素（ET）是由 21 个氨基酸残基组成的生物活性多肽，广泛分布于血管、心脏、脑、肾、肝、胃肠等器官，ET 是迄今所知机体内具有最强缩血管作用的活性多肽。研究表明，胃平滑肌细胞膜上广泛存在 ET 受体（ETR），提示 ET 不仅能收缩血管，而且能收缩胃肠平滑肌，而此两

方面的作用都可导致胃黏膜血流量的下降，致胃黏膜的缺血而损伤，此机制也可对 CAG 的产生和发展有重要作用。

实验采用 CAG 证病结合模型建立方法复制脾虚、肝郁和湿热 CAG 模型，各组分别用药物干预后，放射免疫分析法检测大鼠血清 Gas 和血浆 ET 的分泌水平。结果显示：3 组中脾虚 CAG 鼠血清 Gas 水平最低，血浆 ET 水平最高。经过中药干预后，3 组鼠血清 Gas 和血浆 ET 都有所改善，表明 Gas 和 ET 分泌水平的变化在一定程度上影响了 CAG 中医证型的形成，提示胃肠激素的检测对于 CAG 中医分型诊断有一定的辅助作用。

（三）CAG 大鼠胃黏膜细胞凋亡与中医证型的相关性研究

研究表明，从正常胃黏膜到萎缩性胃炎、肠化生，细胞凋亡指数及细胞增殖指数均呈递增趋势，细胞凋亡与细胞增殖呈正相关，而从肠化生到异型增生、胃癌，细胞凋亡指数递减，细胞增殖指数仍呈递增趋势，细胞凋亡与细胞增殖呈负相关。目前已知凋亡调控基因 Bcl-2 家族相关基因蛋白和 Fas 蛋白与胃癌的发生关系密切。徐珊教授从细胞凋亡及调控蛋白表达水平的变化与证候的相关性出发，从细胞凋亡的角度揭示 CAG 各证候的实质，以期为 CAG 的中医辨证提供客观依据。

实验复制大鼠肝郁证、脾虚证和湿热证 CAG 证病结合模型，用原位末端标记法（TUNEL）检测各组大鼠胃黏黏膜上皮细胞凋亡水平，免疫组化法检测各组大鼠胃黏膜细胞凋亡调控蛋白 Bcl-2、Fas 蛋白的表达水平。结果显示：各模型组大鼠胃黏膜细胞凋亡指数均显著高于正常组大鼠，其中以脾虚 CAG 组大鼠胃黏膜细胞凋亡指数最高。细胞凋亡指数从高到低的顺序是脾虚 CAG 组→肝郁 CAG 组→湿热 CAG 组→单纯 CAG 组→正常对照组。各模型组大鼠胃黏膜 Bcl-2、Fas 蛋白表达量均显著高于正常组大鼠，各证候模型组中以脾虚 CAG 组大鼠胃黏膜 Bcl-2、Fas 蛋白表达量最高。表明 CAG 大鼠胃黏膜细胞凋亡指数、Bcl-2、Fas 蛋白表达与 CAG 证候有一定的相关性，以脾虚 CAG 组相关性最显著。

（四）CAG 不同证型与胃黏膜细胞增殖关系的实验研究

胃癌发生包括多阶段、多步骤的复杂生物学过程，有研究表明细胞异常增殖是其明显特征。研究基因蛋白的表达与 CAG 中医辨证分型的关系，为中医阻止或逆转 CAG 向胃癌的发展提供实验依据。蛋白增殖细胞核抗原

（PCNA）又称周期素（cyclin），是 DNA 聚合酶 δ 的辅助蛋白之一，对 DNA 的复制起重要调节作用，与细胞增殖状态密切相关。表皮生长因子（EGF）是一种多效生长因子，对多种细胞具有促有丝分裂的作用，可促进胃肠上皮细胞生长繁殖。其受体表皮生长因子受体（EGFR）是原癌基因 C-erbB 的表达产物，两者结合后可诱导后者磷酸化，提供持续分裂信号到细胞内，引起细胞增殖、分化。c-myc 是与细胞生长调节有关的原癌基因，其具有细胞增殖和细胞凋亡的双重作用在缺乏生长因子的调节下，c-myc 的转录水平低，其靶细胞处于 G_1 停滞阶段，在加入生长因子后 c-myc 的转录迅速增加，促进细胞增殖。

本实验复制单纯 CAG、脾虚 CAG、肝郁 CAG 及湿热 CAG 大鼠模型，采用免疫组织化学方法观测 CAG 中医不同证型模型鼠胃黏膜细胞增殖相关基因调控蛋白 PCNA、EGFR 及 c-myc 的表达。结果表明各模型组大鼠胃黏膜 PCNA、EGFR 和 c-myc 蛋白的表达较正常组明显增强，且中医证病结合模型组经过中医药辨证干预后，各指标都有所下降，表明 CAG 胃黏膜存在细胞增殖的过度表达，这也表明了为何 CAG 被称为癌前状态，与胃癌的发生有密切关系的原因。同时也表明脾虚、肝郁及湿热 CAG 胃黏膜中细胞增殖相关基因调控蛋白表达存在一定的差异，为 CAG 中医辨证分型提供了一定的实验依据。在 CAG 各证病结合模型组中，脾虚组胃黏膜 PCNA、EGFR 及 c-myc 蛋白表达增强最明显，其他模型组以单纯 CAG 组、湿热组、肝郁组的顺序表达有升高趋势，但相互间差异无统计学意义。提示此 3 型 CAG 中，脾虚型更易发展为胃癌，这方面的原因可能是脾为"后天之本""气血生化之源"，同时为中医药治疗疾病时牢记步步"顾胃气"提供了实验依据。

第四节　研制验方乐胃饮

乐胃饮是徐珊教授多年临床经验总结的经验效方，由怀山药、薏苡仁、陈皮组成。方中怀山药补脾气而益胃阴，培补脾胃，且性平和；薏苡仁健脾渗湿，性微寒而不伤胃，益脾而不滋腻，是补脾利湿之佳品；陈皮疏肝理气运脾，调中快膈，性温且燥而不烈。全方清补脾胃，健运中州，调畅气机。此方配伍精炼，力专效佳，充分体现了"健脾关键在运脾"的思想。临床应用 40 多年，在治疗脾胃病上或单独使用或与他方合用，都取得了良好疗效。

因此，徐珊教授结合现代科学技术，对其治疗消化道疾病的机制进行了深入研究。

一、乐胃饮对胃肠动力的影响研究

胃肠运动是受神经和内分泌激素调节的高级而又复杂的生理活动，是消化道生理功能的重要组成部分，其功能紊乱是引起消化道症状的重要因素之一。胃肠运动功能障碍性疾病是临床常见病，主要包括胃食管反流（GERD）、功能性消化不良（FD）、肠易激综合征（IBS）等。临床上约50%患者因消化道症状就诊，其中30%～40%最终确诊为胃肠运动功能障碍性疾病。胃肠运动功能障碍包括胃肠节律紊乱、收缩无力和异常方向收缩，其临床表现为胃痛、胃脘饱胀、消化不良、嗳气、腹泻、便秘等症状。近年来，人们对胃肠运动的机制及其调控的认识有了重要发展，消化道动力学及其功能障碍疾病的研究已成为胃肠病学研究领域中的重要课题。

中医对胃肠运动的认识源远流长。早在《黄帝内经》中就有关于胃肠运动生理病理的描述，历代医家对胃肠运动的生理、病理和治疗积累了丰富的经验。中医认为胃肠运动有赖于脾胃的正常升降运动，保证脾胃升降运动正常的原动力是脾胃之气机升降、肝胆的正常疏泄和肾阳的正常温煦作用。临床实践证实，中医根据辨证论治的特点，对胃肠运动功能障碍性疾病具有较好的疗效，且毒副作用小，远期效果较好。因而，中医药治疗胃肠运动功能障碍性疾病越来越受到医学界的关注和重视。

近年来，人们就中药对胃肠运动的影响及其调节机制作了一些探索，中药调节胃肠运动的机制复杂而广泛，涉及胃肠运动的多个调节环节和因素，并且这些环节和因素之间还有可能存在着相互影响。因而，对胃肠调节中药的功效及机理进行更加深入的研究，不仅有利于确证其功效，而且筛选强效胃肠运动调节中药及其有效成分，开发出具有国际市场的胃肠运动调节的创新中药，将更具有现实意义。

（一）乐胃饮对正常小鼠胃排空和小肠推进运动的影响

正常小鼠连续灌服乐胃饮后，采用检测甲基橙残留率、炭末推进率及黑色炭末排出时间等方法，研究乐胃饮对正常小鼠胃排空、小肠推进运动及全肠道推进运动的影响。实验结果显示，乐胃饮对正常小鼠胃液体排空有抑制作用；对正常小鼠小肠推进运动也有抑制作用；而对正常小鼠全胃肠道推进运动却有促进作用。故可以认为乐胃饮对胃肠功能有双向的调节作用，使失常的肠管运动机能趋于正常化。

（二）乐胃饮对胃肠运动的体外实验及机制研究

乐胃饮组方经水提醇沉法制成乐胃饮提取物，进行体外实验。取家兔离体十二指肠和回肠，按离体肠平滑肌灌注实验方法，加入不同浓度的乐胃饮提取物，记录其对离体肠运动的影响。在浴槽中分别加入乙酰胆碱（ACh）、KCl、心得安、酚妥拉明、肾上腺素和阿托品等激动剂和阻断剂，作用一定时间后加入乐胃饮提取物，观察乐胃饮提取物和以上各激动剂或阻断剂共同作用于离体肠的结果。

结果表明，乐胃饮提取物对兔离体十二指肠和回肠均表现为抑制效应，并且有明显的量效关系。其机制可能是如下几方面：① ACh 对离体十二指肠和回肠作用最明显而持久的是张力变化，而乐胃饮提取物对张力的拮抗作用最显著，表明其能拮抗 ACh 对肠运动的兴奋效应。其对肠运动的抑制可能是通过影响 ACh 的释放，或介导 ACh 与相应受体的结合及直接作用于平滑肌上的受体等多个途径实现的。肠痉挛是许多消化系统疾病的发病基础，经典解痉药物如 ACh 阻断剂阿托品等副作用较大，禁忌证较多，对乐胃饮提取物在胃肠运动中作用的研究，必将为开发新型的抗肠痉挛药物提供理论依据。②乐胃饮提取物对离体十二指肠和回肠的振幅抑制作用能被 KCl 阻断，提示乐胃饮提取物可能通过影响慢波的复极和延长负电位的维持时间以达到抑制肠运动的作用。③ β 受体阻断剂心得安能拮抗乐胃饮提取物对离体十二指肠和回肠的抑制作用，肾上腺素能协同其抑制作用，而 α 受体阻断剂酚妥拉明对高剂量乐胃饮提取物产生抑制作用，可能与肠管的机能状态有关，提示乐胃饮提取物的作用主要与 β 受体有关，而与 α 受体无关。肾上腺素只对低浓度乐胃饮提取物起作用，可能是由于浓度稍高已达到了完全抑制状态。阿托品是 M 胆碱受体阻断药，它和 ACh 都表现出对乐胃饮提取物不同程度的拮抗作用，这可能与肠管机能状态有关。

二、乐胃饮对脾虚证的作用机制研究

"脾为后天之本"，主运化，升清降浊，为气血生化之源，可以概括整个

消化系统的功能。脾虚证是多种消化系统疾病的主要证型，临床表现大部分可归属于消化系统功能障碍，故脾虚证最能反映胃肠功能紊乱时的病理生理。乐胃饮健脾疏肝理气，对于脾虚证具有较好的疗效，其作用与调节肠道运动，改善胃肠激素有关。

（一）乐胃饮对脾虚小鼠小肠推进运动的影响研究

采用连续灌服100%大黄水煎液1周，同时采取隔日不定时给食，打乱正常的饮食规律的方法建立脾虚小鼠模型。以小鼠出现腹泻、饮食量减少、体重减轻、脱肛、四肢无力、动作迟缓、反应迟钝、毛发枯槁、成群蜷缩等症状为造模成功。乐胃饮给药1周后，脾虚模型小鼠恢复正常成形大便，便溏、脱肛情况明显改善，活动增多，反应敏感，毛发基本恢复正常光泽，很少出现成群蜷缩，体重明显增加。检测小肠推进率发现，乐胃饮治疗组能明显抑制脾虚小鼠小肠推进运动，进而改善腹泻症状。

（二）乐胃饮对脾虚实验大鼠胃泌素和胃动素的影响

胃肠激素分泌与调节失常对胃肠动力紊乱性疾病的影响越来越受到关注。其中胃泌素是一种很重要的胃肠激素，主要由胃窦、十二指肠和小肠黏膜G细胞所分泌，具有多种生理作用。胃泌素能促进胃液、胃蛋白酶和内因子分泌，对胃黏膜细胞有营养及增殖作用，可使上消化道黏膜血流增加，细胞分裂增加，核酸合成上升，有增强食道下端括约肌张力的作用，能有效地阻止胃中食物反流，而且还能破坏自发和胃动素诱发的移行性运动复合波（MMC）Ⅲ相活动，使空腹样胃肠运动转变为餐后样运动。

胃动素主要由十二指肠和近端空肠黏膜隐窝内的M细胞及肠神经丛中的肽能神经元分泌，具有强烈的刺激上消化道的机械运动和电活动的作用并能刺激胃蛋白酶和胰液分泌，在消化间期胃动素呈周期性释放，引起胃和小肠产生消化间期移行性复合运动。MMC运动特征有时相性，其生理功能可排空黏液、脱落的上皮细胞及未消化的固体食物，MMC与幽门有协调运动，并诱发胃强烈收缩和小肠明显分节运动，推测其生理意义可能是对胃肠腔的内容物起着一种清扫作用。

实验以大黄苦寒药的泻下作用作为致虚因素造成脾虚的实验动物模型。乐胃饮治疗后，采用放射免疫分析法检测大鼠血清胃泌素和胃动素含量。结果表明：脾虚模型大鼠血清胃泌素含量明显下降，胃动素的含量显著升高，与临床结果一致，证明脾虚造模的成功。经乐胃饮治疗后，血清胃泌素水平回升，血浆胃动素水平下降，表明乐胃饮可能通过对胃肠激素水平的影响而达到有效治疗脾虚型胃肠动力紊乱性疾病的目的。

三、乐胃饮对功能性消化不良的作用机制研究

功能性消化不良（FD）系指持续或反复发作的上腹正中的疼痛或不适症状在近 12 个月内至少出现 12 周，无须连续，无器质性疾病可解释的症状及症状与排便无关。徐珊教授认为 FD 的病机在于肝郁脾虚，脾虚为本，依据"见肝之病，知肝传脾，当先实脾"，临床采用益气健脾法治疗 FD，取得理想疗效。其作用机制可能与提高机体对抗有害刺激的应激能力，调整机体免疫功能和改善胃肠激素有关。

（一）乐胃饮对 FD 模型大鼠应激能力的影响

应激反应是机体受到各种有害刺激后产生的一种非特异性紧张反应，表现为人体气机紊乱，脏腑阴阳气血失调。目前认为应激可通过神经内分泌系统影响机体免疫功能，构成神经－内分泌－免疫系统网络。这一网络在维持机体机能正常中起着重要作用。肝郁脾虚与机体抗应激能力相关。考虑到过度应激作为 FD 的发病因素和临床症状，寒冷、炎热、缺氧、疲劳均是应激原，因此耐寒热、耐缺氧、耐疲劳实验是反应机体抗应激功能的重要指标，而抗应激功能的优劣可直接体现机体对外界抵抗力的强弱。

实验采用适度夹尾刺激法制造 FD 模型。乐胃饮治疗后，通过耐寒试验、耐热试验、耐缺氧试验和耐疲劳试验的测定，观察其调整 FD 大鼠应激能力的作用。结果显示，乐胃饮能显著增强 FD 大鼠的耐寒能力和耐热能力，延长 FD 大鼠耐缺氧时间和负重游泳耗竭时间。证实乐胃饮能增强体质、提高机体对有害刺激的耐受能力，更重要的是表明增强机体的抗应激能力是乐胃饮治疗 FD 的作用原理之一。

（二）乐胃饮对 FD 模型大鼠免疫能力的影响

免疫能力是机体抗病能力的重要指标。胸腺和脾是免疫系统重要的具有代表性的器官，其重量在一定程度上反映免疫器官内淋巴细胞的数量，间接反映体内淋巴细胞的总体水平。从免疫指标来看，白介素 6（IL-6）是由 T

淋巴细胞、B 细胞、单核细胞等产生的一种多功能细胞因子，在诱导 B 细胞生长、分化、产生免疫球蛋白的过程中起主要作用，可诱导 T 细胞分泌产生 IL-2 及表达 IL-2 受体。IL-2 是体内重要的免疫调节剂，对调节 T、B 细胞效应具有重要作用，检测血清中 IL-2 含量能较好地了解体内淋巴细胞的功能水平。肿瘤坏死因子 α（TNFα）除具有使肿瘤组织坏死的作用外，还具有增加白细胞对血管内皮黏附，增强内皮细胞促凝血活性和抑制心肌收缩力等多种生物学作用。TNFA 和 IL-6 两者都是由激活的单核巨噬细胞产生的细胞因子，单核巨噬细胞目前被认为是在免疫系统和神经系统发挥双向作用的核心细胞。与许多疾病关系密切，一方面在某些情况下会导致或促进疾病的发生。如 TNFα、IL-6 对于某些自身免疫性疾病、移植排斥反应的发生起到一定的促进作用；重症感染时过量释放的某些细胞因子会加剧感染症状。另一方面细胞因子又能够抵御或治疗某些疾病。

实验中，经适度夹尾刺激法复制的 FD 模型大鼠经乐胃饮治疗后，检测其脾脏指数、胸腺指数，放射免疫法检测血清 IL-6、IL-2 和 TNFα 含量。结果显示，乐胃饮治疗组大鼠脾脏重量指数增高，血清 IL-6、IL-2 和 TNFα 含量均比模型组增加。表明乐胃饮能在一定程度上提高机体免疫能力，增强抗病能力，进而达到治疗 FD 的作用，即"正气内存，邪不可干"。

（三）乐胃饮对 FD 模型大鼠胃肠激素的影响

胃肠道中存在促进和抑制胃肠运动的两类激素，这两类激素分泌失调可能是引发 FD 的重要原因。P 物质（SP）主要存在于中枢神经系统、脊髓背根和肠道神经系统，小部分分布于肠嗜铬细胞。在肠道主要分布于近端小肠和结肠。SP 可促进胃肠道平滑肌收缩和肠蠕动，刺激胆囊收缩，并且是肠道感觉神经系统的重要组成部分，与痛觉传导有关，可能参与各种内脏神经反射。血管活性肠肽（VIP）主要由肠道神经元释放，主要分布于肠道黏膜层、黏膜下层及肠道动脉，在中枢神经系统也大量存在，为重要的脑 – 肠肽。VIP 是神经系统抑制性神经递质，对胃肠运动有抑制作用，并有胃肠舒张、刺激肠液和胰液分泌的作用。

实验采用适度夹尾刺激法制造 FD 大鼠模型。乐胃饮干预后，免疫组化法检测胃黏膜组织 SP 和 VIP 蛋白表达。结果显示，乐胃饮能有效增加实验鼠胃窦组织中 SP 和降低 VIP 含量。由此表明乐胃饮能提高胃肠道神经兴奋性，调节胃肠道平滑肌的收缩，这可能是乐胃饮治疗 FD 的主要作用机制。

四、乐胃饮对肠易激综合征的作用机制研究

肠易激综合征（IBS）是临床上最常见的一种胃肠功能紊乱性疾病，表现为一组包括腹痛、腹胀、排便习惯和大便性状异常、黏液便，持续存在或间歇发作，而又缺乏形态学和生化学异常改变的证候群。徐珊教授认为腹泻型 IBS 的主要病因病机为脾虚湿盛，肝脾失调，脾虚为本，治疗重点在于健脾化湿，疏肝理气。乐胃饮是治疗腹泻型 IBS 的经验方，主要针对脾虚为本的病机特点，临床疗效满意。其机制可能与有效调节脾虚型 IBS 胃肠激素的异常分泌及氧自由基的异常表达有关。

（一）乐胃饮对脾虚型 IBS 兔胃肠激素的影响

胃肠激素作为一种胃肠调节肽，广泛参与对胃肠道感觉和运动功能的调节，它们的分泌异常可导致胃肠运动紊乱。一氧化氮（NO）和 SP 作为两种重要的胃肠肽类激素，其在 IBS 发病中的作用研究已成为近年研究的热点。

NO 以左旋精氨酸为底物由一氧化氮合酶（NOS）催化合成。NOS 有多种同工酶，包括神经元型 NOS（nNOS）、诱导型 NOS（iNOS）和内皮型 NOS（eNOS）。nNOS 和 eNOS 是原生酶，主要是在生理状态下发挥作用，呈基础性表达，合成的 NO 量少且持续时间短，可松弛肠道平滑肌，对 IBS 患者可能是有益的。iNOS 是诱生酶，主要分布在巨噬细胞、中性粒细胞、肥大细胞等免疫细胞和组织细胞中，它所催化合成的 NO 量大且作用持久。SP 在肠道主要分布于近端小肠和结肠，多存在于肠肌间神经丛和黏膜下神经丛。SP 为肠道兴奋性神经递质，可促进肠道平滑肌收缩和肠蠕动，加强结肠的推进运动。

实验 WHBE 兔采用湿热环境应激联合番泻叶灌胃加饥饱失常复合方法建立脾虚泄泻型 IBS 模型。以出现精神萎靡，不喜活动，反应迟钝，皮毛枯槁无光泽，喜眯眼，无神，肛周污秽，粪便大多不成形，甚至呈水样便，饮食、饮水量明显减少，体重明显减轻，肛温较低为造模成功。乐胃饮干预后，检测血清 NO 含量和 NOS 活力。免疫组化检测结肠组织 SP 蛋白的表达。结果显示，乐胃饮能明显改善脾虚型 IBS 的症状，表现为粪便大多成形，但较潮湿，饮食饮水量、体重都有所增加，肛温升高。乐胃饮能明显降低脾虚泄泻

型 IBS 兔血清 NO、NOS 含量和结肠黏膜 SP 表达，表明调整胃肠激素是乐胃饮治疗 IBS 的可能机制之一。

（二）乐胃饮对脾虚型 IBS 兔氧自由基的影响

人体肠道黏膜富含氧自由基（OFR）生成的酶系统，生理情况下，体内氧自由基的合成与清除处于平衡状态。病理情况下，氧自由基清除系统功能下降，氧自由基大量产生。细胞中的脂类物质受到 OFR 作用时，就会发生脂质过氧化反应。临床上直接测 OFR 很困难，目前多采用脂质过氧化产物丙二醛（MDA）来间接反映 IBS 中 OFR 水平及组织细胞受损的程度。超氧化物歧化酶（SOD）是存在于生物体内的重要的抗氧化酶系，能有效地清除氧自由基，抑制肠组织中的脂质过氧化反应，并能稳定细胞膜。SOD 活力的高低间接反映了机体清除氧自由基的能力。

实验采用上述造模及给药方法，采用硫代巴比妥酸（TBA）法测定血清 MDA 含量，黄嘌呤氧化酶法测定血清 SOD 活力。结果显示，乐胃饮能降低血清 MDA 含量，提高 SOD 活力，说明乐胃饮能够有效调节 IBS 兔体内氧自由基的表达异常，促进机体氧自由基合成与清除的平衡。这是乐胃饮治疗脾虚型 IBS 的可能作用机制，对 IBS 的临床和治疗有重要的指导意义。

五、乐胃饮对慢性萎缩性胃炎的作用机制研究

慢性萎缩性胃炎（CAG）是消化系统的常见病、多发病，以胃脘部疼痛、胀满，嘈杂等为主要临床表现。CAG 是一种胃癌前疾病，因此，实施早期治疗，截断病情进展，对胃癌的防治具有重要意义。中医药在改善 CAG 患者症状，阻断胃黏膜病理改变方面均有较好疗效。徐珊教授认为，CAG 是本虚标实之证，其本在脾气虚弱。临床运用乐胃饮治疗，取得了良好的疗效，不仅能缓解症状，还能改善胃黏膜萎缩等病理改变。进一步研究发现，其作用机制可能与氧自由基、水通道蛋白 AQP3、AQP4 及细胞自噬相关。

（一）乐胃饮对 CAG 模型大鼠胃黏膜病理的改善作用

实验采用 2% 水杨酸钠灌胃、自由饮用 MNNG 溶液结合饥饱失常等综合因素诱发 CAG 模型。以病理检测出现黏膜萎缩、肠化生为造模成功。乐胃饮干预 4 周后，HE 检测胃黏膜病理改变；扫描电镜检测胃黏膜超微结构改变。

结果显示，光镜下可见：正常组大鼠胃黏膜完整，腺体排列规则，黏膜肌层较薄，固有膜内可见散在的少量淋巴细胞。模型组大鼠胃黏膜明显萎缩变薄，腺体明显减少，并有不同程度的排列紊乱、疏松，黏膜肌层增厚，向黏膜固有层伸展，呈分枝状插入腺体之间，间质内有大量淋巴细胞浸润，个别还见肠上皮化生，未发现异型增生。乐胃饮低剂量组大鼠胃黏膜厚度适中，腺体排列尚规则，间质内仍有淋巴细胞浸润。乐胃饮中剂量和高剂量组大鼠胃黏膜腺体排列较规则，大小形态较一致，黏膜肌层较薄，间质内少量淋巴细胞浸润。

扫描电镜下可见：正常组大鼠胃黏膜上皮细胞紧密相连，沿着胃腺开口环形排列，结构完整，胃小凹清晰，被覆一层黏液。模型组大鼠胃黏膜细胞萎缩，排列紊乱，上皮广泛破溃、脱落，出现大小不等、形状不规则的局灶性黏膜糜烂。乐胃饮低、中剂量组大鼠胃黏膜细胞萎缩程度较轻，细胞表面粗糙，可见黏液分泌，少量细胞破溃。乐胃饮高剂量组大鼠胃黏膜细胞萎缩不明显，可见黏液分泌，偶见细胞破溃。

实验结果表明乐胃饮能有效改善 CAG 大鼠胃黏膜萎缩变薄、排列紊乱等病理改变，促进胃黏膜的组织修复，具有保护胃黏膜的作用。

（二）乐胃饮对 CAG 模型大鼠氧自由基的影响

近年来的研究发现，慢性胃炎中氧自由基水平升高，且同组织学改变和 HP 感染相关，因此，自由基水平升高对胃黏膜的损害可能是 CAG 的重要发病机制。SOD 是机体内清除氧自由基的重要抗氧化酶之一，对机体的氧化与抗氧化平衡起着至关重要的作用，此酶能清除超氧阴离子自由基（O^{2-}），保护细胞免受损伤，在胃壁细胞内活性很高，其活力的高低间接反映了机体清除氧自由基的能力。MDA 是氧自由基攻击生物膜中的不饱和脂肪酸而形成的脂质过氧化物，它能生成聚合物并与人体内的蛋白质和脱氧核糖核酸发生反应，使蛋白质的结构变异，导致变异蛋白质的细胞失去正常功能并向初期癌细胞转化，从而导致癌症。因此对 MDA 的检测可反映出机体内脂质过氧化和机体细胞受自由基攻击的损伤程度。

实验采用上述"（一）乐胃饮对 CAG 模型大鼠胃黏膜病理的改善作用"中造模和给药方法，采用黄嘌呤氧化酶法测定 SOD 活性，采用 TBA 法测定 MDA 的含量。结果表明，经乐胃饮治疗后，大鼠血清 SOD 含量明显升高，说明乐胃饮能提高 SOD 活力，增强机体清除氧自由基的能力。同时，乐胃饮

还能降低血清 MDA 含量，提示乐胃饮能够对抗氧自由基的损伤作用，从而保护胃黏膜。上述结果表明乐胃饮能调整氧自由基与抗氧自由基酶系统的平衡，从而改善胃黏膜病理形态，其机制可能是一方面乐胃饮通过健脾益气改善机体的有氧代谢过程，增强细胞供能，减少自由基的产生，SOD 的消耗相应降低；另一方面，通过渗湿理气改善胃黏膜炎症反应，炎症因子减少，从而使机体氧自由基的产生减少。

（三）乐胃饮对 CAG 模型大鼠 AQP3、AQP4 的影响

CAG 的特点是中性粒细胞和单核细胞浸润胃黏膜固有层，中性粒细胞的跨膜迁移会增强细胞的通透性，进而导致水分丢失，日久引起胃黏膜腺体萎缩。水通道蛋白（AQP）大多选择性地分布在与体液吸收、分泌有关的上皮细胞及可协同跨细胞转运的内皮细胞中，承担水分重吸收及液体分泌等功能，对维持细胞、组织、器官的水液代谢平衡起重要作用。研究表明，AQP3、AQP4 与消化系统的水液代谢和胃酸分泌关系密切。AQP3 是一种跨膜蛋白，也是一种高选择性的水通道蛋白，广泛分布于消化道上皮细胞，对水分运输起重要作用。AQP4 主要表达在胃底腺主细胞和壁细胞的基侧面，与胃蛋白酶原和盐酸的渗透调节有关。

实验采用上述"（一）乐胃饮对 CAG 模型大鼠胃黏膜病理的改善作用"中造模和给药方法，免疫组化法检测胃黏膜 AQP3、AQP4 蛋白的表达。结果显示，乐胃饮能提高 CAG 大鼠胃黏膜 AQP3 和 AQP4 蛋白的表达，表明其可能通过改善胃黏膜水盐代谢，调节胃酸分泌，进而达到治疗 CAG 的作用。

（四）乐胃饮对 CAG 模型大鼠细胞自噬的影响

自噬是近年来发现的一种 II 型程序性细胞死亡，主要是细胞内受损的物质成分被溶酶体降解的过程，用以帮助细胞维持稳态。研究发现，这种有别于凋亡（I 型程序性死亡）的自我吞噬与肿瘤的发生、发展关系密切。自噬贯穿细胞生长发育的全过程，对细胞具有双重作用：一方面，自噬能帮助细胞适应营养缺乏或缺氧等应激状态，维持其内环境稳定；另一方面，自噬诱导的自噬性细胞死亡能够杀伤肿瘤细胞，进而抑制肿瘤发展。Beclin1 是一种与自噬相关的抑癌基因，对自噬具有正性调节作用。Beclin1 在多种肿瘤组织中表达降低或缺失，使肿瘤细胞逃脱自噬性死亡。Beclin1 在慢性非萎缩性胃炎、癌前病变、胃癌组织中的表达活性逐渐减弱。

实验采用上述"（一）乐胃饮对 CAG 模型大鼠胃黏膜病理的改善作用"中造模和给药方法，乐胃饮给药后，采用透射电镜检测胃黏膜组织中的自噬体，PCR 检测胃黏膜 Beclin1 mRNA 的表达。结果显示，正常组和模型组大鼠胃黏膜中未见明显自噬体，但模型组大鼠胃黏膜超微结构改变明显，Beclin1 表达量也较正常组降低。经治疗后，乐胃饮各剂量治疗组均可见自噬体，表明乐胃饮能通过增强细胞自噬而发挥保护作用。并且各治疗组 Beclin1 mRNA 表达明显上升，表明乐胃饮能提高 Beclin1 的表达，增加自噬的发生达到治疗的目的。

徐珊教授负责完成的"乐胃饮对实验性 FD 胃肠动力及应激能力的干预"和"肠易激综合征兔模型的建立及其乐胃饮的干预"分别获 2007 年与 2010 年浙江省科学技术奖二等奖。

第六章

桃李天下

　　徐珊教授承传了张兆智名老中医及传承晚清名医陈莲舫的再传弟子蒋文照医学，从事医教研工作 46 年，围绕脾胃（消化系统）病证与和法，开展临床医疗，学术研究，并指导、带教研究生和学术经验继承人等 50 多人，他们中的大多数人已成为医疗、教学、科研，以及管理岗位的骨干，其中 1 人为全国老中医药专家学术经验继承工作指导老师，2 人评为浙江省名中医，4 人入选全国优秀中医临床人才，1 人评为全国基层优秀中医，5 人评为副省级市和地市级市名中医，3 人获浙江省中青年临床名中医称号，2 人获浙江省基层名中医称号，可谓后继有人，后继有才，薪火相传，发扬光大。

第一节　培养博士硕士生

　　作为中医内科学专业的博士研究生和硕士研究生的指导老师，徐珊教授指导培养并授予博士学位的有 27 人，授予硕士学位的有 30 人。

一、包剑锋博士

　　包剑锋（1972～），男，浙江省宁波市人，2007 年获博士学位，现浙江省杭州市第六人民医院主任中医师，科教科科长，浙江中医药大学兼职教授，硕士研究生指导老师，浙江省中西医结合肝病重点学科、浙江省省市共建感染病重点学科后备学科带头人，浙江省中医药学会肝病专业委员会委员，

94

杭州市中西医结合学会肝病分会候任主任委员。

从事传染病临床工作 20 余年，临床经验丰富，具有扎实基础理论和较强的科研能力。多次在国际肝病会议，全国感染性疾病及肝病会议做专题发言，紧跟国际国内感染性疾病和肝病专业知识发展前沿。曾留学澳大利亚悉尼大学肝癌研究所进修肝癌干细胞靶向治疗。擅长慢性肝病、肝硬化、肝癌的防治。尤其对重型肝炎、肝硬化、腹水、肝癌、胃癌及其他消化道疾病等应用中西医结合方法的诊治经验丰富。主持和参与国家自然科学基金项目及省市级科研课题近 20 项，发表 SCI 等专业论文 50 余篇，参编《古今中医消化病辨治精要》《肝病用药 100 问》《中医基础理论》《病毒性肝炎中西医实用手册》专著 4 本，授权发明专利 2 项，获得浙江省、杭州市科技成果奖 4 项。其中《慢性乙型肝炎中医辨治思考》获中华中医药学刊杂志社优秀论文一等奖。

二、郭绮妮博士

郭绮妮（1957 ～）女，广东省潮洲汕头人，2008 年获博士学位，香港注册中医师，1997 年至今为明智堂全科中医药诊所东主及执业中医师，2006 ～ 2009 年任香港中医药科技学院客座教授，曾任香港中医药科技学院院长，兼任香港大学中医药学院校友会会长、上海市针灸学会会员、港九中医师公会会员、香港大学专业进修学院同学会会员、侨港中医师公会会员、香港注册中医学会会员。

郭绮妮博士从医 30 多年，擅长内科和妇科常见病、多发病及疑难杂症，特别是中医药诊治肠胃、肝、胆、胰等消化系统疾病，以及亚健康的综合调理，都有其独特的见解，并从事针灸学、中医药诊治疾病的基础与临床研究。郭绮妮博士发表和出版《〈扁鹊心书〉的研究》《艾灸发展史略》《治肝八法之疏肝法、柔肝法、镇肝法、平肝法治疗脂肪肝的研究》《治肝八法之疏肝法、柔肝法、镇肝法、平肝法治疗肝病的研究》，以及《〈扁鹊心书〉校勘》等学术论文和译著 8 篇（部）。博士学位论文的研究课题是"治肝八法之疏肝法、柔肝法、镇肝法、平肝法治疗肝病的研究"，对清代医家王旭高治肝八法之疏肝法、柔肝法、镇肝法、平肝法进行系统的研究，全文分列为肝病定义、治法阐释、四法本义、实验研究、临床运用、医案综论和四法评述等，并对其作了较为详尽的阐述与分析。

三、张永生博士

张永生（1971～），男，浙江省浦江县人，2008年获博士学位，浙江中医药大学研究员，硕士研究生导师，执业中医师。先后担任浙江中医药大学科研处成果科科长、药学院副院长、浙江中医药大学图书馆馆长、信息与教育技术中心主任。现为中华中医药学会脾胃病分会委员、世界中医药学会联合会消化病专业委员会理事、中国中药协会消化病专业委员会委员、中国医疗保健国际交流促进会中西医结合消化病学分会委员、浙江省中医药学会脾胃病专业委员会常务委员兼秘书等。

张永生博士从事中医药防治消化系统疾病的基础及临床研究。主持省部级及以上科研项目10余项，包括承担的国家自然科学基金面上项目1项、浙江省自然科学基金项目2项、浙江省科技厅项目1项，参与浙江省自然科学基金3项。承担完成的《三七总苷抗肝纤维化实验研究》获浙江省中医药科学技术奖三等奖，参与完成的《肠易激综合征兔模型的建立及其乐胃饮的干预》《活血渗湿方抗肝纤维化实验研究》分别获浙江省科学技术奖二等奖、三等奖。发表学术论文40余篇，其中SCI收录4篇。张永生博士从医20余年，擅长治疗消化系统常见疾病，特别是肝胆脾胃类疾病，如慢性乙型肝炎、酒精性肝炎、脂肪肝、肝纤维化、肝硬化，慢性胃炎、功能性胃肠疾病、炎性肠病、胃食管反流、肠易激综合征等。张永生博士利用中医药诊治肝纤维化疾病的临床经验积累，结合开展的浙江省自然科学基金项目"活血渗湿方抗肝纤维化实验研究"、浙江省中医药科研基金项目"三七总苷抗肝纤维化实验研究"等课题研究所取得的成果，又在研习了《黄帝内经》等文献对积证相关论述的基础上，提出了肝纤维化——微癥积的理论观点。

肝纤维化属于中医学积证、黄疸、积聚等病的范畴。肝纤维化是各种慢性肝病向肝硬化发展的必经阶段，如何延缓肝纤维化的进程关系到如何有效地治防肝硬化，从而提高慢性肝病患者的生活质量。张永生博士运用"肝脾传变"理论进行肝纤维化辨证论治，临床疗效确切。大量的慢性肝病患者由于患病迁延日久，往往从早期的"邪正相当"慢性发展成为"正虚邪恋"的病理特点，治疗过程中利用疏肝、健脾、化湿、行瘀等方法可起到较为肯定的临床疗效。

从中医学的理论来考察肝纤维化，很容易与现代医学产生一定的共鸣，如与纤维结缔组织增生有关的疾病，多具有中医学的"瘀血""癥积"等的特征，大多在临床所见的"胁痛""积聚""鼓胀""黄疸"等病证中出现。如《灵枢·五邪》记载："邪在肝，则两胁中痛"。而《证治汇补·胁痛》则对"胁痛"的病因有了一定的论述："因暴怒伤触，悲哀气结，饮食过度，风冷外侵，跌扑伤形……或痰积流注，或瘀血相搏，皆能为痛"，已经认识到了胁痛的病因多由于气结、血瘀、饮食、跌扑、痰结及内伤所致。又如清代喻嘉言在《医门法律》中论述，"不病之人，凡有癥瘕积块，痞块，即是胀病之根。日积月累，腹大如箕，腹大如瓮，是名单腹胀"，很显然，这里所说的"不病之人"，一旦有了慢性肝病的"胀病之根"，则经过长时间的演变，经过"肝纤维化"阶段则会出现肝硬化的典型临床特征。可见中医学对"肝纤维化"的相关临床表现已经在历代的文献中有了较为详细的记载。

现代技术已经能够将微观视野获得的相应病理学、分子生物学、血清学等检测及观察指标作为中医微观辨证的工具，微观所见，实为微观视野下的"微型癥积"。利用对"微癥积"的相关指标评价，可以指导肝纤维化前期临床诊治并做出客观评判。随着现代科学技术的发展及临床肝穿刺安全性的提高，已经逐步为患者所接受，肝纤维化的诊断及治疗已经可以用组织学的诊断来指导中医药的诊疗。结合现代科技手段（如生化检测、病理观察及分子生物学等方法），针对中医四诊方法进行适当的延伸，研究者可以从微观视觉来考察肝纤维化，达到四诊方法在微观方法上的延伸。显然，组织学可以成为两者能够共同认可并且紧密结合的一个关键环节，肝脏轻度的纤维化改变可以称之为肝脏的"微癥积"。各种病因造成的慢性肝病通过"微癥积→纤维化→癥积"等三个大致的过程完成了疾病发展。有研究证明，肝纤维化的早期能够在相应的治疗手段作用下完成组织学的逆转，但是一旦到了肝硬化（癥积）阶段，则很难以得到改善。显然，早期进行干预，也就是在早期肝纤维化（微癥积）阶段进行治疗能够取得较为理想的治疗效果。利用此观点，结合肝纤维化疾病的临床特点，临床上早期进行积极治疗非常有必要，这也是对慢性肝病积极治疗的理论支持。

肝纤维化的发生发展过程中，有其不同的病机特征。由于"湿热毒邪""疫毒""蛊毒""酒食"等湿热毒邪侵袭（病因），留而不去，终致"肝气不舒"（微癥积阶段），"津液涩渗"则进入以"气郁血滞"为主要特点的邪正交织的迁延期，经久不愈，后期则以"痰瘀交阻"，出现有形的积聚为主要临床表现，

"正气不足，湿毒之邪留恋"是其主要病机特点。

四、吴晋兰博士

吴晋兰（1965～），女，山西省昔阳县人，2009年获博士学位，浙江省杭州市余杭区第五人民医院主任中医师，曾任杭州市余杭区第五人民医院、杭州市余杭区妇幼保健院院长。2012年国家中医药管理局授予"第二批全国优秀中医临床人才"称号，2009年浙江省卫生厅授予"浙江省基层名中医"证书，2010年授予"杭州市名中医"称号，为浙江省中医药重点学科"中西医结合慢病康复学"学科带头人，杭州市重点专病"中医脾胃病"学科带头人。现任世界中医药学会联合会脾胃病分会委员、中华中医药学会脾胃病分会委员、浙江省中医药学会脾胃病分会常委等。

吴晋兰博士发表论文30多篇，SCI收录论文3篇。完成科研课题10多项，多次获科技进步奖，获浙江省中医药科技进步三等奖1项、杭州市政府科技进步二等奖、三等奖2项，科普文章《行立坐卧那些事儿》在浙江中医药学会微信公众号中发布。

吴晋兰博士从医30余年，奉行仁心济世、仁术救人，钻研岐黄之术、上工之道，达到以人为本、以和为贵、以平为期、阴阳平衡之境地。从事中医药诊治内科疾病和疑难杂症，尤其擅长中医脾胃病的基础与临床研究。主持完成《不同证型慢性胃炎患者基因表达特征研究》和《乐胃饮治疗慢性萎缩性胃炎的临床研究及机理探讨》，探讨慢性胃炎的发病机制，为慢性胃炎的防治提供科学的依据。

吴晋兰博士通过研究慢性胃炎各中医证型的胃黏膜蛋白 AQP4、Bcl-2、P_{53} 的表达，发现 AQP4 是水液代谢障碍在胃黏膜的局部反映，AQP4 基因表达的高低，反映慢性胃炎从实证到虚证或因虚致瘀、虚实夹杂，细胞凋亡逐步增多的病机演变过程，提示胃黏膜 AQP4 与中医证型的虚实之间有某种内在联系，可用于判断病情演变的一项有用指标。随着病变进展，Bcl-2 蛋白的表达逐渐增强，以胃络瘀阻型和脾胃虚弱型表达最强，与萎缩性胃炎的发生密切相关。胃黏膜癌前病变中胃络瘀阻型有 P_{53} 的较强表达，胃黏膜良性病变的加重与中医证型演变规律基本相符，而慢性胃炎辨证中胃络瘀阻型、胃阴不足型、脾胃湿热型是胃黏膜癌前病变的主要相关证型。

吴晋兰博士研究慢性胃炎的中医证型与体质类型间的关系，发现中医证型分布从高到低依次为肝胃不和型、脾胃湿热型、脾虚气滞型、脾胃虚弱型、胃阴不足型、胃络瘀阻型。体质类型从高到低依次为气虚质、平和质、阳虚质、瘀血质、湿热质、气郁质、阴虚质和痰湿质。慢性胃炎的发病以异常体质为主，并呈现发病率虚证体质最高、实证体质次之、平和体质最低的发病规律，即慢性胃炎患者体质特征呈现"虚一实二平三"的规律，提出正虚是脾胃病变发生发展中的重要因素。

吴晋兰博士研究慢性胃炎证型与体质之间的内在关系，发现慢性胃炎患者虚证体质（气虚质、阳虚质、阴虚质）的基础上易出现虚证证型（脾胃虚弱型、胃阴不足型）或虚实夹杂的脾虚气滞型；实证体质（瘀血质、湿热质、气郁质、痰湿质）的基础上易出现实证证型（脾胃湿热型，胃络瘀阻型），而无论虚证体质、实证体质或平和质的基础上都易出现肝胃不和型。体质异常使慢性胃炎发病率增加，同时慢性胃炎形成后又对体质产生不利的影响。从而表明体质是疾病发生的内因，体质决定着证型的倾向性，影响着证型的虚实寒热属性，证型以体质为基础，证型随体质而转变。

吴晋兰博士研究乐胃饮治疗慢性萎缩性胃炎的临床疗效和抗氧化及对水盐代谢的作用，发现乐胃饮（怀山药，薏苡仁，陈皮等组成），可有效改善慢性萎缩性胃炎患者的临床症状、胃镜征象和病理变化，能有效逆转胃黏膜腺体萎缩、肠化，从而阻断慢性萎缩性胃炎的发展。乐胃饮能升高慢性萎缩性胃炎大鼠血清 SOD 含量，降低 MDA 含量，能增强胃黏膜 AQP3、AQP4 蛋白的表达，通过抗氧化作用及改善胃黏膜水盐代谢，调节胃酸分泌，达到治疗慢性萎缩性胃炎的作用，为临床应用提供了依据。

脾胃病是临床常见病、多发病，属于中医学"痞满""胃痛""嘈杂""吐酸""泄泻"等病证的范畴，临床上分脾胃本脏病和他脏病引起的脾胃病，往往以脾胃虚弱为本，水湿，湿热，气郁，痰火，瘀血，浊毒为标，出现虚实夹杂、寒热错杂、升降失常、气血失和之病理状态，治疗上以人为本、以和为贵、以平为期、通过调治脾胃安和五脏，或者调治他脏协和脾胃，恢复"阴平阳秘"之生理状态。

吴晋兰博士临证擅用和法，和法是通过调和以达到消除病邪目的的一种治法。所谓调和者，是调整人体功能，使之归于平复之意，用于治疗脏腑气血阴阳不和，或寒热失调，虚实夹杂的证候，故邪在少阳、募原、肝脾不和、肠胃不和、气血不和、营卫不和等，都可用和法治之。

1. 和法治疗的理论基础

脾主运化，胃主受纳，脾主升，胃主降，两者之间的关系是"脾主为胃行其津液。"脾气升则水谷之精微得以输布，胃气降，则水谷及其糟粕得以下行。脾为湿土，胃为燥土，脾喜燥而恶湿，胃喜润而恶燥；脾为阴土，得阳则运，胃为阳土，得阴则安；脾与胃，一脏一腑，一纳一运，一升一降，相辅相成，维持着正常的消化功能，饮食物的消化吸收是在脾胃纳运相合，升降相因，燥湿相济的相互协调中完成的。由于脾胃在生理上相互联系，因而在病理上互为影响。如脾为湿困，运化失职，清气不升，从而影响胃之受纳和降，可出现脘胀食少，恶心呕吐等；如饮食不节，食滞胃脘，胃失和降进而影响脾主运化和升清，可出现腹胀泄泻等症。因此脾胃病的病机就其本脏而言，主要表现为纳运失调，燥湿不济，寒热错杂，升降失常，而尤以升降失常为重要。

肝为将军之官，主疏泄，调畅脾胃气机，土得木而达，肝性喜条达而恶抑郁，若肝气郁滞，横逆脾胃，运化不及，升降失调，则表现为脘胁胀痛，恶心呕吐，腹痛腹泻，纳呆便溏等症。正如唐容川所说："木之性主于疏泄，食气入胃，全赖肝木之气以疏泄，而水谷乃化，设肝之清阳不升，则不能疏泄水谷，渗泄中满之症，在所不免。"

综上，分析研究古今医学论述和治疗脾胃病的文献，并结合脾胃的生理特性和病机特点，认为脾胃病往往脏腑同病，寒热互存，虚实夹杂，升降失调，并且与肝胆互为影响，病因多种多样，病机复杂多变，临证时单选一法治之，恐难取效。唯采用调和脾胃，调和肝脾，调和胆胃，调和肝胃，调和肠胃等和法，注重脏腑同治，寒温相宜，虚实同理，阴阳兼顾，从而达到脾胃升降有序，肝胆疏泄有度，以调理脏腑功能，调畅逆乱之气机，使阴平阳秘，元气生生不息，病势才能迎刃而解。

2. 和法治疗脾胃病临证应用

（1）调和脾胃法：用于脾胃不和，以脾胃升降功能失常为特点，以脘腹胀满，恶心呕吐，纳少腹泻为主症，伴脘痛厌食，嗳腐吞酸，苔厚腻，脉弦滑，辨为饮食积滞证，方用保和丸加减。伴脘痛喜按，神疲乏力，舌淡、苔白、脉虚弱，辨为脾胃虚弱证，方用香砂六君子汤加减。伴倦怠身重，口淡无味，舌淡，苔腻，脉沉濡，辨为脾胃湿阻证，方用三仁汤加减。伴泛酸嘈杂，口干口苦，脉弦数，辨为胃热炽盛证，方用左金丸合海贝散加减。伴脘痛喜温喜按，畏寒肢冷，舌质淡，苔白腻，脉沉弱无力，辨为脾胃虚寒证，方用黄芪建中汤加减。伴咽干口燥，嗳气便干，舌红少津或剥苔少苔，舌面有小裂纹，脉小弦或细数，辨为胃阴不足证，方用益胃汤合芍药甘草汤加减。

（2）调和肝胃法：用于肝胃不和，以肝疏泄失职，胃和降失常为特点。叶天士云："肝为起病之源，胃为传病之所。"《素问·六元正纪大论》说："木郁之发，民病胃脘当心而痛，上支两胁，膈咽不通，食饮不下。"临床表现为胃脘胀痛，以胀为主，或攻窜两胁，或胃脘痞满，每因情志因素而症作，嗳气则舒，胸闷叹息，纳呆腹胀，排便不畅，苔薄白或薄黄，脉弦，方用柴胡疏肝散或四逆散加减；若气机郁滞，日久不解，肝胃蕴热，症见胃脘灼痛，嘈杂泛酸，烦躁易怒，方用蒿芩清胆汤加减。

（3）调和肝脾法：用于肝脾不和，以肝脏气机不和，横窜犯脾，脾运失健，脾气不升为特点。《景岳全书》说："凡遇怒气便作泄泻者，必先怒时挟食，致伤脾胃，故但有所犯，即随触而发，此肝脾二脏之病也，盖以肝木克土，脾气受伤而然。"临床表现多从本脏部位开始，然后循经扩散，以两胁胀痛最为明显，进而出现纳差，嗳气，呕吐，泄泻等脾胃症状，症见两胁胀痛，脘痞易饱，纳呆呕吐，嗳气，大便时干时溏或排便不爽，舌质淡，苔薄白，脉弦，方用逍遥散、柴胡疏肝散、痛泻要方加减。

（4）调和胆胃法：用于胆胃不和，以胆气郁结，疏泄失利，横逆犯胃，胃气不和，湿浊中蕴为特点，《张氏医通》认为："邪在胆经，木善上乘胃，吐则逆而胆汁上溢，所以呕苦也。"症见脘腹胀满或持续钝痛，胃脘灼热，嗳气吞酸，恶心呕吐，口苦纳呆，或见咽部梅核气，舌质红，苔薄黄，脉弦数，用温胆肠加减。

（5）调和胃肠法：用于胃肠不和，以邪犯胃肠，寒热夹杂，升降失常为特点，症见心下痞满，恶心呕吐，脘腹胀痛，肠鸣下利，舌质红、苔白腻或黄腻，脉弦滑，方用半夏泻心汤加减。王旭高云："半夏泻心汤治寒热交结之痞，故苦辛平等。"《素问·阴阳应象大论》说："辛甘发散为阳，酸苦涌泄为阴。"苦辛配伍，泄中有开，通而能降，阴阳相和，扶弱抑强，用以温阳散结，疏通气机，而恢复肠胃之功能。

3. 和法施治要点

（1）和法应用当辨明病性，随证施治：脾胃病的形成有本虚标实，虚实夹杂两方面，有升降失常，寒热相兼的特点，往往以脾胃虚弱为本，水湿、湿热、瘀血、浊毒为标，故要明确证候性质而选用和法。如程国彭在《医学心悟》中云："有当和而和，而不知寒热之多寡，禀质之虚实，脏腑之燥湿，邪气之兼并，

以误人也，是不可不辨也……由是推之，有清而和者，有温而和者，有消而和者，有补而和者，有燥而和者，有润而和者，有兼表而和者，有兼攻而和者。和之义则一，而和之法变化无穷焉。"同时要根据寒热、虚实、升降之孰轻孰重，决定药量，如吴鞠通所谓："治中焦如衡"，意为治中焦之病要达到平衡、平和之状态。

（2）和法应用当平补缓攻，动静相宜：脾胃病以虚实夹杂，寒热错杂为病机特点，单纯补益或补益太过，湿热毒瘀非但不能祛除，反而使邪气滞留加重，使气机升降受碍，正气更虚；若攻伐太过，湿热毒瘀虽祛，但元气大伤则气机升降出入无力，体虚不复，疾病难愈，故宜平补缓攻之和法。慢性胃炎治之以和，可取法效法，或在化湿、消食、散寒、泻热、行气、活血之时辨证配合益气，养血、养阴，使正气复，邪气去而趋平和，亦乃和法之旨意。处方用药时也往往在补益剂中，加用鸡内金，砂仁以防止补益太过而致气机壅滞或碍胃，以补配消，以塞配通，在静药中适量加入动药，既行补之滞又增补益之力，此即《黄帝内经》"动静相召"之意，也是和法的具体体现。

（3）和法应用当顺应特性、配合得法：脾胃同居中焦，脾宜升、宜健、宜燥、宜温、宜补；胃宜降、宜和、宜润、宜清、宜泄，脾胃二者在生理特性上相辅相成，共同完成饮食物的消化吸收，病理机制上升降失常，纳运失司，治疗时应顺应脾胃特性，或因势利导，或逆向调整，使异常的升降状态恢复正常，临证用药时宜选轻清平和之品，时时扶护脾胃之气，同时将不同升降作用的药物进行合理搭配，使药剂的作用与气机升降相因的规律相顺应，以升促降，以降促升，有利于流通气机，提高疗效，使中焦脾胃气机通达，升降协调，出入有序，邪去病却。

五、冯立博士

冯立（1964～），女，浙江省浦江县人，2011年获博士学位，新西兰中医学院院长、主任医师，浙江中医药大学客座教授。2009年荣获浙江省政府来华留学生奖学金A类奖学金，2009年荣获浙江中医药大学"杰出校友"荣誉称号。现任世界中医药学会联合会理事会常务理事和教育专业委员会常务理事、大洋洲中医药针灸联合会秘书长，以及新西兰中医药针灸学会教育专业委员会主席等职。

随着世界性"针灸热"及"中医热"的影响，加上近年来华人移民人数的急增和其社会活动能力的提高，中医中药、针灸推拿作为医疗和保健手段已逐渐为当地人所关注。多年来，为了在新西兰推广中医，冯立博士组织师生在新西兰各地社区举行中医针灸义诊，使得中医针灸在当地很受欢迎，中医临床疗效和安全性得到普遍认可。通过这些服务和在新西兰的中医临床实践，冯立博士对传统中医有了更进一步的理解，体会到当地的肥胖、心血管疾病、呼吸系统疾病、糖尿病和多种关节炎都与他们的体质、饮食结构和生活习惯有关。冯立博士撰写的博士学位论文《脾胃学说对"治未病"的理论贡献及临床应用研究》，首次从脾胃学说和"治未病"的角度，把两者相关的理论作了比较系统的梳理和整理，用传统的中医理论去分析西方国家的发病特点，用"治未病"从脾胃论治的理论指导临床实践，对慢性非传染性疾病的中医防治提出了自己的观点和方法。冯立博士根据新西兰医疗管理制度及奥克兰城市诊所管理法规，制定了《新西兰中医学院附属中医门诊部管理手册》等管理办法。冯立博士发表了《体质学说在中医学中的应用》《"春夏养阳，秋冬养阴"的意义和在新西兰的临床应用》等学术论文 7 篇。多次在新西兰国家中医针灸研讨会和国际中医论坛上发表专题演讲，如《中医养生》《腹针治疗新西兰常见病》《中药浓缩颗粒剂结合子午流注在中医治疗和养生中的临床应用》《针灸减肥》《中药结合时辰疗法在临床中的应用》和《新西兰中医教育》等，荣获国家级杂志和国际论坛"优秀论文奖"各 1 篇。参加科研课题 2 项，作为主要完成人的研究成果获浙江省科学技术三等奖 1 项。参与蒋文照医学丛书之《蒋文照医学传承》的编写。冯立博士临床擅长运用中医针灸治疗疑难杂症，尤重视体质学说在临床中的应用。

冯立博士通过对脾胃学说的研究和数十年的临床实践，在运用中医保健、传统经方和针灸"治未病"方面有自己独到的见解，在此基础上，结合运用易医脐针、腹针和各家脉法，总结出一套治疗各种疑难杂症的方法，如凭脉辨证循脉用针用药，轻药调各种癌症等顽疾，不但提高了临床诊治疗效，而且丰富了中医"治未病"的有效内容和理论，在十三届世界中医药大会上作了《循脉得关窍，轻药调顽疾》专题学术报告，深受与会者好评。

六、石君杰博士

石君杰（1977～），男，山东淄博人，2002 年获硕士学位，2011 年获博士学位，杭州医学院副教授，杭州传承中医门诊部注册执业中医师，主治

中医师。现任杭州医学院康复教研室主任，为浙江省中医药学会脾胃病分会委员等。

石君杰博士从事中医药诊治消化系统疾病的基础与临床研究。主持浙江省中医药科技计划、浙江省高等学校访问工程师校企合作项目，参与国家科技部"十五"科技攻关计划项目、浙江省新世纪教改项目等的研究。《慢性胃炎气阴两虚证候学研究》《慢性胃炎脾虚证胃黏膜蛋白质表达的相关性研究》《心理应激对 IBS 大鼠神经、内分泌和免疫功能影响及宁肠汤干预作用研究》《宁肠汤治疗肠易激综合征的临床与实验研究》《逍遥散对 IBS 大鼠内脏高敏感性的干预作用研究》等成果获浙江省科学技术进步奖三等奖、浙江省高校科研成果奖一等奖、浙江省中医药科学技术创新奖二等奖、浙江省中医药科学技术创新奖三等奖等奖励，先后撰写《胃肠动力紊乱性疾病的中医研究进展》《数学与中医现代化》《慢性胃炎胃黏膜上皮细胞中 bax、fas、P_{16} 基因的表达》《宁肠汤对肠易激综合征大鼠免疫功能的调节作用》《宁肠汤对肠易激综合征大鼠下丘脑—垂体—肾上腺轴干预作用的研究》《逍遥散对腹腔注射卵清清蛋白致肠易激综合征大鼠内脏敏感性的作用》《慢性束缚及夹尾刺激致大鼠肠易激综合征模型的建立及其内脏敏感性评价》《白芍总苷对肠易激综合征大鼠 Th1/Th2 表达失衡的影响》等学术论文 20 多篇，主编教材 4 部。擅长肠易激综合征、功能性消化不良等胃肠功能障碍性疾病的临床诊治与研究。

肠易激综合征（IBS）属于中医学"肠郁""泄泻""便秘""腹痛""气秘""痛泻"等病证的范畴。中医学认为脾虚失运是 IBS 发病的基础，肝失疏泄是发病的条件，临床应从肝脾论治，前期应用宁肠汤、逍遥散等方剂治疗 IBS 取得了较好的临床疗效，并对其作用机制进行了深入研究。白芍为上述方剂中的主要药物，主要功效为平肝止痛、养血调经、敛阴止汗。中药药理学研究表明，白芍具有免疫调节、抗炎作用，白芍总苷（TGP）为白芍中的主要有效物质。目前 TGP 多用于自身免疫性疾病的临床和药理研究，有报道，TGP 对炎症性肠病（IBD）有明确的治疗作用，其主要活性成分芍药苷可降低 IBS 肠道敏感性，改善结肠电生理活动。但 TGP 对 IBS 的具体作用机制尚不清楚，研究以免疫诱导联合心理应激法建立了稳定的 IBS 模型，为深入研究 TGP 的作用机制，在动物模型研究的基础上，通过观察 IBS 大鼠血清、肠黏膜中 Th1 细胞因子及 Th2 细胞因子的变化，研究白芍总苷对 IBS 大鼠 Th1/Th2 平衡的影响。

采用免疫诱导联合心理应激法建立 IBS 大鼠模型，将动物按随机数字表法分为 5 组：模型对照组、TGP 高剂量组、TGP 低剂量组、阳性对照组（匹维溴胺组）、正常对照组，研究 IBS 大鼠血清及结肠黏膜 Th1 细胞因子 IL-2、Th2 细胞因子 IL-5 水平的变化及白芍总苷的干预作用。结果发现，IBS 大鼠血清及结肠黏膜 Th1 细胞因子 IL-2 表达水平较正常组显著增高（$P < 0.05$，$P < 0.01$），血清及结肠黏膜 Th2 细胞因子 IL-5 表达水平降低（$P < 0.05$），表明 IBS 大鼠存在免疫调节功能紊乱，Th1/Th2 表达失衡。经 TGP 干预后，IBS 大鼠血清及结肠黏膜 IL-2 水平降低（$P < 0.05$，$P < 0.01$），血清及结肠黏膜 IL-5 水平增高（$P < 0.05$）。推测 TGP 可能通过抑制促炎细胞因子 IL-2 的合成，上调抗炎细胞因子 IL-5 的表达，从而抑制炎症细胞的黏附，减轻肠道局部炎症，恢复 IBS 大鼠的肠黏膜免疫调节功能。有报道 TGP 具有剂量依赖性，本研究发现，TGP 存在一定的量效关系，TGP 高剂量组与低剂量组比较，有显著性差异，TGP 高剂量组的疗效与阳性对照药物（匹维溴胺）相近，为 TGP 在 IBS 的临床应用提供了实验依据。

七、裘秀月博士

裘秀月（1970～），女，浙江省永康市人，2006 年获硕士学位，2013 年获博士学位，浙江中医药大学教授，浙江中医药大学注册执业中医师。现任浙江省中医药学会护理分会委员。

从事中医药防治消化系统疾病的基础与临床研究和中医护理教育与科研 20 多年。主持完成省部级课题 3 项，主持完成厅局级课题 5 项，参与浙江省自然科学基金项目"基于液相蛋白芯片技术萎缩性胃炎脾气虚证的研究"的研究工作。发表学术论文近 20 篇，参与本科教材编写 20 余部，其中副主编 8 部。参与蒋文照医学丛书之《蒋文照手稿真迹》的编写。

在中医药诊治慢性萎缩性胃炎方面积累了丰富的经验，整理总结了辨证治疗慢性萎缩性胃炎临床常用的理气和胃、健脾助运、清热除湿、活血行瘀与养阴益胃五法经验。

八、裘生梁博士

裘生梁（1978～），男，浙江萧山人，2013 年获博士学位，浙江省中

医院副主任中医师，现任浙江中医药大学第一临床医学院党委副书记。为中华中医药学会方药量效研究会青年委员、浙江省中医药学会内科分会青年委员会副主任委员、浙江省中医药学会糖尿病分会委员、浙江省中西医结合学会内分泌专业委员会青年委员。

裘生梁博士从事中医药诊治消化系统、呼吸系统和内分泌系统疾病的基础与临床研究，主持和参加省部级与厅局级等科研课题6项，主持和参加完成的科研成果获浙江省中医药科学技术奖等奖励2项，发表学术论文20多篇。裘生梁博士擅长咳嗽、支气管哮喘、支气管扩张、间质性肺炎、慢性鼻咽炎、高脂血症、糖尿病、慢性胃炎、胃食管反流、胃溃疡、慢性肠炎、便秘、肝结石、胆结石、尿路结石、痤疮、头痛、眩晕、失眠、慢性疲劳综合征、复发性口腔溃疡、更年期综合征、月经失调、黄褐斑、亚健康等的治疗调理，长于保健养生、体质调理、膏方及各种内科常见病、疑难病的中医药治疗。

中医药诊治胃肠动力性疾病具有明显的特色和优势，裘生梁博士通过临床实践和实验研究，提出反流性食管炎的中医药治疗策略，运用降逆汤治疗反流性食管炎。降逆汤为浙江省中医院消化科经验方。由姜半夏9g、炒黄芩9g、枳实9g、炒陈皮9g、旋覆花9g、代赭石15g、海螵蛸15g组成，其方以化痰降逆，益气和胃为主，随证加减，疗效确切，为治疗反流性食管炎的有效验方（称之为"降逆汤"）。此方旋复花、代赭石、姜半夏为旋覆代赭汤之药，取其燥湿化痰，降逆止呕；半夏、黄芩，辛开苦降，脾胃升降得宜，故痞消呕止痰散矣；再加之枳实破气消热郁，陈皮化痰降气，海螵蛸收湿制酸，诸药同用，取得良好疗效。

裘生梁博士通过中医药诊治反流性食管炎的临床经验积累，以及开展相关课题研究所取得的成果，对其发病机制有了新的认识。

（1）肝气郁结——胃肠节律紊乱，精神焦虑和紧张：中医学所说的肝包括了消化、神经等多个系统，肝具有疏泄的功能，保障情志的舒畅、气血的流动和消化的健旺。当情志抑郁、心情不畅，则可导致肝气郁滞，其结果：一是出现精神的焦虑，紧张易怒；二是克犯脾胃，导致胃肠消化和运动功能的失常。

（2）脾虚失运——消化吸收功能减退，胃肠激素分泌紊乱：脾胃居于中焦，主运化和四肢肌肉，主要包括消化和运动系统的功能。消化功能的紊乱归根到底是脾胃的功能失常。功能性消化不良的病机在于肝郁脾虚，其中以脾虚为本。实验研究表明脾胃气虚时，血清胃泌素降低，血浆胃动素水平显著升高等，胃肠运动失调，消化吸收功能低下。

（3）胃失和降——胃肠排空障碍：先天不足、后天失调，脾胃虚弱，运化失职，致痰湿内蕴，升降失常，气郁痰阻，每遇情志、进食生冷、劳累而发作。病变日久，气阴受耗，气滞痰凝血瘀。

九、朱飞叶博士

朱飞叶（1982～），女，浙江省海宁市人，2009年获硕士学位，2014年获博士学位，浙江中医药大学副研究员，浙江中医药大学注册执业中医师、主治中医师。2009年获浙江省优秀毕业生称号。现为浙江省中医药学会脾胃病专业委员会青年委员。

朱飞叶博士从事中医药防治脾胃病的基础及临床研究，主持国家自然科学基金项目1项，浙江省自然科学基金项目1项，厅局级课题3项，参与多项国家级和省部级科研课题，参与完成的《萎缩性胃炎脾虚证实验鼠细胞凋亡调控基因蛋白的表达》研究成果获浙江省科学技术三等奖。发表SCI论文1篇，其他期刊论文11篇，参与蒋文照医学丛书之《蒋文照学术撷英》的编写。朱飞叶博士主要开展了乐胃饮调节胃肠运动功能、乐胃饮加味方对胃癌前病变作用机制的研究、慢性胃炎中医证候的流行病学、芍药甘草汤对慢传输型便秘的作用机制等研究。

乐胃饮调节胃肠运动功能的研究结果显示乐胃饮提取物对离体十二指肠和回肠运动的振幅、张力、频率均有明显的抑制作用，并且呈现一定的量效关系。整体实验表明，乐胃饮提取物中剂量组能明显抑制胃排空，高剂量组能抑制小肠推进，提示乐胃饮提取物可以缓解胃肠道痉挛，降低胃肠道的紧张性，从而调节胃肠道的运动。而高剂量组的胃排空率接近正常对照组，明显高于中剂量组和低剂量组，这可能是由于随着剂量加大，乐胃饮提取物中山药和陈皮相互主导作用的结果。其可能的作用机制是通过胆碱能受体、肾上腺素能 β 受体介导，以及直接影响胃肠运动电生理活动而达到抑制作用。

乐胃饮加味方对胃癌前病变作用机制的研究结果表明，乐胃饮加味方干预后，NF-κB 和 STAT3 的相互作用明显减弱，其下游的 Bcl-xL、c-Myc、IL-6 基因表达下降，表明乐胃饮加味方可能通过阻断 NF-κB 和 STAT3 蛋白间的交互作用，减少炎症反应与恶性肿瘤正反馈回路中的相关因子，达到治疗胃癌前病变，预防胃癌生成的目的。

通过芍药甘草汤对慢传输型便秘的作用机制研究表明，芍药甘草汤可以提高结肠推进率、粪便含水率及粪便数量，改善便秘症状，并且通过降低抑制性神经递质 NO、NOS、VIP，提高肠道平滑肌的运动；通过调控 SCF/c-kit 信号通路增加间质细胞数量，改善结肠的慢波的产生，调控平滑肌收缩的节律；芍药甘草汤还可以增加结肠的分泌，提高粪便含水率，从而发挥治疗慢传输型便秘的作用。芍药甘草汤柔肝理脾、养阴生津适合于慢传输型便秘的治疗。

十、徐发莹博士

徐发莹（1981～），男，山东省嘉祥县人，2006 年获硕士学位，2015 年获博士学位，杭州医学院副研究员，杭州传承中医门诊部主治中医师。现为浙江省中医药学会脾胃病分会青年委员。

徐发莹博士主持浙江省自然科学基金等省部级项目 2 项，参与国家"十五"攻关课题"名老中医学术思想、经验传承研究"厅局级课题"乐胃饮调整 FD 大鼠应激能力和免疫功能的实验研究"等课题研究。先后撰写《蒋文照教授的脾胃学术思想》《乐胃饮调整 FD 大鼠应激能力和免疫功能的实验研究》《试论脾阴》等学术论文 10 多篇，参与蒋文照医学丛书之《蒋文照医案精选》的编写。

十一、马伟明硕士

马伟明（1957～），男，浙江省余姚市人，2003 年获硕士学位，浙江省余姚市人民医院主任中医师，浙江中医药大学兼职教授，曾任余姚市中医医院院长。2009 年先后评为全国基层优秀中医和浙江省基层名中医，2014 年评为浙江省名中医，2016 年成为全国基层名老中医药专家传承工作室建设项目专家，2017 年成为第六批全国老中医药专家学术经验继承工作指导老师。现为浙江省中医药重点学科中医消化内科学学科带头人、浙江省中医药重点专科中医胃病专科学科带头人，任中华中医药学会内科分会委员、中华中医药学会脾胃病分会委员、浙江省中医药学会脾胃病分会常务委员。马伟明硕士培养带教学术继承人 10 余名，其中浙江省基层名中医 1 名，浙江省医坛新秀培养对象 1 名等。

马伟明硕士长期以来从脾胃病角度研究中医药治疗消化系统疾病及糖尿病的方法和作用机制，主持和参与浙江省卫生厅科研项目 7 项等。《红藤愈萎养胃汤治疗慢性萎缩性胃炎作用机制的研究》《瘦素、胰岛素样生长因子Ⅰ与阴虚热盛、气阴两虚型 2 型糖尿病的关系》《转化生长因子 β₁ 及受体与肝胃不和、瘀毒内阻型胃癌关系的研究》获浙江省中医药科学技术奖三等奖。在各类杂志发表论文 40 余篇，出版学术著作 2 部。马伟明硕士从医 30 多年，擅长内科常见病、多发病及疑难杂症的诊治，对消化系统疾病的治疗尤有心得，如治疗胃黏膜萎缩、肠上皮化生、异型增生等胃癌前状态获得满意疗效。

马伟明硕士经过从师学习和临床摸索，领悟中医经典，形成了治病必治气，治气贯穿于治疗所有疾病始终的观点。《易·系辞传·上》曰："精气为物"，孔颖达疏："精气为物者，谓阴阳精灵之气，氤氲积聚而成万物也"。气抱阴而负阳，阴阳相激，产生动能，气流衍行，新陈代谢，繁复交替，众相纷呈，《论衡·自然》曰："天地合气，万物自生"。《素问·宝命全形论》："天覆地载，万物悉备，莫贵于人。人以天地之气生，四时之法成。"人生成之后，又必须通过气的升降出入与大自然进行气交，吐故纳新，才能维持生命活动，完成生长壮老已的生命过程，即形亦气，神亦气。气蒸腾以为阳，泌精以为阴，生血以运血，生命活动斯须不离于气。百病生于气，气病百病始生，气病伴随整个疾病的过程，故曰：治病独言于气。若能深谙治气之法，便是医家圣手。尤其脾胃位居中州，一升一降，维系着全身气机，为气机之枢纽，脾胃病治气尤为紧要。

马伟明硕士经过多年的临床经验积累与研究，认为胃黏膜变异之本为脾虚气弱，其标为胃热瘀毒，多因患者饮食不节，日久而致脾气虚弱，水湿不运，受胃热熏蒸而酿成毒，热毒互结，脉络瘀滞而成本病。然究其证，本虽虚，其象不彰；标之实，瘀热湿毒盛，故治之宜重治其标，兼以顾本。用红藤愈萎养胃汤治疗获效颇佳，方用黄连、九节茶、香茶菜清热解毒利湿，丹参和红藤活血化瘀、凉血散结，木香和半夏调气化痰、和胃止痛，党参益气健脾、扶正固本。诸药共奏清热解毒、祛痰利湿、健脾调气之功。

马伟明硕士整理总结了临床辨治脾胃辨证的要点。

（1）升降共调：胃主通降，胃气宜保持畅通、下降的运动趋势，其主要体现于饮食物的消化和糟粕的排泄过程中；脾气主升，其运化的特点以上升为主，脾之升清作用，是指脾具有将水谷精微上输心、肺及头目，并通过心肺化生气血，以营养全身。脾宜升则健，胃宜降则和，胃气通降与脾气升举

相互为用，胃失和降与脾气不升也可相互影响，变生脾胃之病证。

叶天士提出："脾胃之病，虚实寒热，宜燥宜润，固当详辨，其于升降二字，尤为紧要。"脾胃为病，升降偏胜，欲令降之，必先升之，欲令升之，必先降之。如胃气上逆之呃逆，用柿蒂、刀豆子、旋覆花等，甚加代赭石以达降逆止呃；若腑气不通，浊气壅上，用生大黄、枳实、厚朴等通降之品，但两者往往加入开宣之桔梗、葛根等，其效佳。中气下陷致纳差、腹胀，用黄芪、党参、白术补益中气，柴胡、升麻升提阳气，酌加枳壳、莱菔子等降气之品。

（2）通补兼施：《素问·太阴阳明论》有"阳道实，阴道虚"之论，柯韵伯提出"实则阳明，虚则太阴"，其中"阳"指阳明胃腑，六腑以通为顺，胃主降浊，病则腑气不通，浊气不降，糟粕不行，易从燥化、热化，易与邪结而见痞满燥实等阳明腑实证；"阴"指太阴脾脏，五脏以升为顺，脾主升清，病则清阳不升，精微不化，脾虚则湿盛，湿盛则伤阳，故脾病多虚。但实践证明，脏病虚证，每致痰瘀内阻，邪气壅滞，纯虚者少，虚实夹杂者多，治必以通为补，通补兼施。胃以通降为补，脾以升提为补，通补兼施则脾胃之气机得复，运化方能复常。

脾虚治疗多以甘温补中升阳，常用"太子参、黄芪、白术、茯苓、怀山药、甘草"等甘温之品；但脾虚多可出现气滞、痰湿内生，或单用补益之品，以致气滞湿阻，故多佐用"半夏、陈皮、木香、白芍"等理气除湿之品，常用方如"香砂六君子汤"以收到补脾而不壅滞。胃实多表现在气、食、湿、血、痰、火（热）等郁结。如胃热炽盛多用"大黄、黄连、黄芩"之苦寒通降之品，但苦寒之品易耗气灼阴，多佐用"石斛、葛根"等益气养阴之品；气、食、湿、血、痰、火（热）等六郁者，多用"苍术、香附、枳实"等辛温降气之品，但辛温降气之品易耗气，故酌加"党参，炒白术"等益气之品。两者均做到通降和胃不伤正。

（3）寒热并投：太阴脾脏主运化升清，病则水谷精微不能布运化生，清阳不升，且湿易伤脾阳，引起"寒化"，故病多虚寒证；阳明阳土，易于化热燥结，引起"热化"，故病多为实热证。若脾胃同病，因脾、胃各自特性而产生的寒证和热证自然会同时存在，表现为寒性症状与热性症状交互错杂的复杂局面，即寒热错杂证。所以在治疗上需寒热并用，以解错杂之证，以复脾胃之气。

临证需辨清病证寒热的部位、主次、真假，正确选择合适寒性药物和热性药物，相反相成，药精功专。辨病位，如肝火犯胃致胁肋胀痛、呕吐吞酸、嘈杂嗳气等，予辛味之吴茱萸与苦味之黄连配伍的左金丸；中阳虚寒致呃逆者，性温之丁香与苦涩之柿蒂相配的丁香柿蒂汤。辨主次，如湿热困脾导致泄泻、痞满、恶心呕吐等，若腹泻、便溏，常加用马齿苋、大血藤等清中燥湿之类；若存脾虚之象，伍小剂量桂枝、良姜等通阳温中之品以达清中温通之效；若存秽浊羁留之象，多佐白蔻、砂仁等辛温辟秽之品以达清浊辟秽之效。辨真假，如因脾病不能为胃行其津液，胃阴亏耗，虚热内生，予参芪等温脾益气，升举清阳，辅予石斛、知母等药柔养胃阴，清降虚火。脾阳不升，浊阴不降，舟无阳助则不行，善用苁蓉、当归等质润助阳，温肾升清之药，伍麻仁、枳实等体柔甘（咸）寒、油润滑利之品共收增液助阳行舟之功。

（4）肝肺兼顾：脾胃与肝胆之间的关系较为复杂，肝为将军之官，主疏泄，调理脾胃气机，"土得木而达"。胆为中精之府，内藏胆汁，泄于小肠，参与食物的消化，足少阳胆经之经脉循行胸胁。病理上，肝胆之功能失常亦可影响到脾胃。脾胃与肺存在母子相生的关系，脾主升清，脾以升为健，肺主宣发，肺气可以将脾转输的津液及水谷精微向上升宣和向外布散。胃主通降，以降为和，肺气肃降促进胃腑的通顺。

情志失于畅达，肝气失于疏泄，肝木乘土，则横逆犯胃，胃失和降，胃气上逆；或饮食失节，嗜酒无度，损伤脾胃；或久病劳倦伤脾，脾运失健，土虚木乘，致使肝胃不和、肝脾不和，在黄芪、党参、白扁豆、茯苓、白术、陈皮、怀山药等健脾助运基础上，喜联合四逆散、柴胡疏肝散等疏肝；兼有郁热则联用化肝煎、丹栀逍遥散等清热疏肝。

脾胃为病，脾之升清功能受到影响，导致痞满、泄泻等，多加桔梗、防风等宣肺之品，以期开宣上焦肺气以助脾气升清、运化水湿；胃失和降导致呃逆、便秘等，多加枇杷叶、苏叶、杏仁、紫菀等降肺之品以助胃腑通降，复脾胃之枢。

（5）燥湿相济：脾喜燥而恶湿，宜用燥湿之品；胃喜润而恶燥，宜养阴润燥之品。《临证指南医案》云："太阴湿土，得阳始运，阳明阳土，得阴自安。以脾喜刚燥，胃喜柔润也。"若脾胃燥湿失调，则脾胃运化失司，中焦失衡，以使病生，致病情缠绵难愈。若以猛药峻急之品治之，重用苦寒燥湿之药，则灼伤胃津；过于辛香大热，则劫夺胃阴；重用滋腻之品，则碍脾胃之运化；过于峻猛泻下，则耗气伤中，有悖"和而治之"之理。

临证用药亦"轻灵平淡"，喜用花类药物。花类药其质轻薄香而升脾醒脾，

味甘性平而和胃不伤阴,同时尚调达肝木。花为香,香者入脾,另《本草便读》认为:"凡花皆散",能行气疏肝。多用玫瑰花、绿梅花、佛手花等共奏悦脾开胃,疏肝行气之功;多用蒲公英、合欢花等清解郁热;多用旋覆花降气除痞;多用白扁豆花、厚朴花疏通气机、宣化湿浊、消胀除痞。临证用药亦"缓温徐清",如温中多用桂枝、良姜等温通之品,而干姜、吴茱萸用量宜少;清中,多用蒲公英、茵陈等清中寓升之品,而黄连、黄芩量少且炒制减苦寒之性;益阴多予石斛、知母、花粉等清养胃阴之品;泻下多用枳壳、厚朴下气除积之品;生大黄、枳实中病即止。

十二、杨敏春硕士

杨敏春(1979~),女,浙江省诸暨市人,2006年获硕士学位,浙江医院中医科副主任中医师、博士。浙江省首届医坛新秀,浙江省中青年临床名中医培养对象,为浙江省中西医结合老年重点学科后备带头人、浙江省中医药学会内科分会与脾胃病分会青年委员会副主任委员。

杨敏春硕士主持国家自然科学基金项目1项与浙江省自然科学基金项目1项,参与完成国家"十五"攻关项目1项,主持完成浙江省中医药科技计划项目1项,参与完成浙江省中医药科技计划项目5项。参与完成的科研成果《乐胃饮对实验性FD胃肠动力及应激能力的干预》获浙江省科学技术二等奖,《清热解毒通腑法治疗毒热内盛型脓毒症的研究——多中心、前瞻性、随机、对照研究》获浙江省科学技术三等奖与浙江省中医药科技创新一等奖。以第一作者发表学术期刊论文如《不同中医证型 MODS 伴 GIDF 患者肠道黏膜屏障的对比研究》等5篇,SCI 录用及发表2篇。

营养失调是老年衰弱患者的一个高危因素,老年衰弱患者体内代谢紊乱常合并血脂异常,而血脂异常是心脑血管疾病的重要危险因素,杨敏春硕士重点开展血脂异常发病机制、发病规律、治疗方法等方面的研究,推动膏方养生康复的规范化。

(1)杨敏春硕士重点关注单味中药的物质基础研究。根据中医传统理论和临床经验,从细胞水平和动物水平研究中药降脂信号转导的分子机制。

(2)杨敏春硕士重点关注膏方胶类的基础及应用研究。从"理法方药"选取切入点逐层递进,开展中医特色明显的临床及相关基础研究,阐明并积极推广研究成果,拟逐步确定单味剂量与药效的相关性,并分层次深入探讨作用机制。

　　杨敏春硕士根据中医传统理论和临床经验，选取阿胶和鳖甲胶作为研究对象，观察它们对大鼠子宫肌瘤的影响，拟逐步确定膏方胶类及剂量与药效的相关性，为临床规范化膏方胶类的选择和使用提供理论基础。并分层次深入探讨膏方胶类对子宫肌瘤产生影响的作用机制，从而继承和发展中医传统理论关于胶类的论述。

十三、邓建平硕士

　　邓建平（1971～），女，浙江省杭州市人，2006年获硕士学位，在读博士，杭州第三人民医院中医科主任中医师。现任世界中医药学会联合会消化病专业委员会理事、中华中医药学会脾胃病分会委员、浙江省中医药学会脾胃病分会委员等。

　　邓建平硕士主要研究方向为消化系统疾病的基础与临床研究，主持和参加省市级科研课题5项，参与出版著作3部。从事中医药临床工作20多年，擅长治疗慢性萎缩性胃炎、消化道溃疡，反流性食管炎，肠易激综合征，炎性肠病、功能性消化等消化系统疾病。

　　慢性萎缩性胃炎是以胃黏膜固有腺体萎缩为主要表现的慢性炎症，其发生发展与年龄、幽门螺旋杆菌、饮食、吸烟及伴随的其他胃病有关，与胃黏膜的肠化生异型增生直至癌变有密切的关系，故慢性萎缩性胃炎的发展变化是胃癌演变过程中的关键环节，慢性萎缩性胃炎及其癌前病变属于中医学胃脘痛范畴，慢性萎缩性胃炎的病因、病机与气虚或气滞血瘀有关。病变以脾胃为中心，以脾胃虚弱为本，气机失调为标，络阻血瘀为象。

　　慢性萎缩性胃炎伴有肠腺化生及异型增生，尤其是重度异型增生者有癌变可能，但病变可以经过治疗而逆转。益气和中通络之中草药，有诱导胃癌前病变细胞凋亡的作用，从而有可能预防胃癌的形成。应用临床有效验方安胃方对慢性萎缩性胃炎患者HSP70和P53蛋白表达的影响进行了研究，并进行了临床疗效对照观察，结果表明安胃方对慢性萎缩性胃炎有明显疗效，对萎缩病理变化有显著改善，通过下调抑制P53蛋白，上调HSP70表达，可能是其主要作用的机制之一。安胃方具有益气行气，通络散瘀的作用，方药组成严谨合理，对于慢性萎缩性胃炎有良好的疗效，因此，以益气和中通络为

法治疗慢性萎缩性胃炎是临床有效的治疗方法。

十四、申周喜硕士

申周喜（1977～），女，韩国丽水人，2015 年获硕士学位，杭州传承中医门诊部注册执业中医师。在浙江中医药大学就读时，2009 年、2010 年、2011 年与 2013 年 4 次荣获浙江省人民政府优秀留学生一等奖学金。

申周喜硕士从事痤疮从脾胃论治的临床研究，通过 93 例痤疮临床病例观察表的统计分析，探讨痤疮病与脾胃证候的相关性，为痤疮从脾胃论治提供临床依据。

申周喜硕士运用临床流行病学方法收集痤疮患者，填写病例观察表。将患者的临床资料输入计算机，建立资料数据库，并采用软件对数据进行统计分析。计数资料按频数和百分比表示，等级资料采用秩和检验，分类资料比较采用卡方检验，多组单向有序资料采用 Ridit 分析。

结果显示痤疮患者中医证型以脾胃湿热证最常见，临床以乏力、口苦、失眠和腹胀等为主要症状。皮损部位口周多于额部，以结节、暗红色丘疹和油腻为皮损特征。临证脾胃湿热型以《温病条辨》三仁汤加减，肺胃郁热型以《伤寒论》白虎汤加味，肝郁脾虚型则以《校注妇人良方》加味逍遥散加减，清化湿热、清泻肺胃、调理肝脾等从脾胃论治痤疮，疗效满意。

第二节　指导青年名中医

2015 年 6 月浙江省卫生厅启动了为期三年的"中青年临床名中医"培养项目，旨在培养高层次、复合型的新一代名中医，加快中医药人才队伍建设。浙江省中青年临床名中医培养是一项高起点、高要求并体现个性化的人才培养项目，在省级医院内选拔了 27 位具有中医学（中西医结合）博士学位或取得硕士学位 3 年以上并具有副主任中医（中西医结合）师以上专业技术职务的中青年临床技术骨干，作为培养的对象，平均年龄为 40.8 岁，其中正高职称占 37%，博士学历占 14.8%。培养方法主要是通过钻研古典医籍、强化临床实践和名师指导等途径提高运用中医理论进行辨证论治的水平。

2005 年 5 月徐珊教授被聘为浙江省中青年临床名中医培养专家指导委员会委员，同时聘为浙江省中青年名中医培养对象张爱琴的指导老师。

张爱琴（1969～），女，浙江省龙泉市人，2005 年遴选为首批"浙江省中青年临床名中医"培养对象，2009 年经考核合格获"浙江省中青年临床名中医"称号，浙江省肿瘤医院主任中医师，博士，浙江中医药大学硕士研究生指导老师。现任中国肿瘤临床协作组（CSCO）会员，浙江省医学肿瘤康复委员会秘书、青年委员，浙江省抗癌协会抗癌药物专业委员会委员，浙江省抗癌协会传统医学专业委员会委员，以及《中国肿瘤》和《肿瘤学杂志》编委。

张爱琴教授从事中医药防治恶性肿瘤的基础与临床研究，主持和参加国家级和省部级等科研课题 10 余项，发表学术论文 30 多篇，出版著作 4 部。张爱琴教授从医 20 余年，擅长中晚期肿瘤的中西医结合治疗，尤其擅长消化系统（食管、胃、肠、肝、胰腺）、肺、乳腺、妇科及头颈部恶性肿瘤的中西医治疗及肿瘤放疗、化疗中的中药辅助治疗。张爱琴教授目前的主要研究方向为中西医结合防治肿瘤的基础与临床研究，运用中医肿瘤的辨证施治原则，对术后患者采用中药调理，以增强患者体质，降低复发率，对放化疗前或后或期间的患者，配合中药，以减轻毒副反应，增强疗效，对不能手术和放化疗的患者，采用分阶段的中医治疗，以达到减轻患者的痛苦，提高生存质量，延长生存期。

（一）扶正抑胰方结合化疗治疗晚期胰腺癌的临床观察

张爱琴教授临床观察了 2009～2015 年就诊于浙江省肿瘤医院的 56 例晚期胰腺癌病例，均依据《癌症医学手册》的标准，经病理、细胞学检测或临床影像学确诊的胰腺癌晚期。按治疗前后分为治疗组 28 例，年龄 34～76 岁，平均 54.4 岁；对照组 28 例，年龄 23～77 岁，平均 53.5 岁。治疗组以腹痛为主诉 15 例，对照组为 10 例。治疗组以身目黄染为主诉 6 例，对照组为 9 例。治疗组伴腹胀、腹水 6 例，对照组分别为 7 例。治疗组上消化道出血 2 例，对照组 3 例。所有病例均有纳差、乏力、消瘦、贫血等恶病质表现。两组一般资料比较，差异无统计学意义（$P > 0.05$）。

（1）治疗方法：对照组采用化疗方案：吉西他滨 1000mg/m² ，以生理盐水溶解后经输液泵静脉给药 30min 以上，第 1、8、15 天；顺铂 25mg/m² 静脉滴注，第 1～3 天。28 天为 1 周期。至少完成 2 周期。治疗组在对照组治疗基础上，结合中药扶正抑胰方治疗。扶正抑胰方基本方生黄芪、生薏苡仁、蛇六谷、半枝莲、鸡内金各 30g，灵芝、绞股蓝、白花蛇舌草各 20g，白术、

佛手、莪术、肿节风各 15g，茯苓、白豆蔻、陈皮各 10g。腰腹痛加徐长卿 30g；口苦，身目俱黄加茵陈 30g，柴胡 9g，威灵仙 12g；恶心、呕吐加代赭石（先煎）30g，竹茹 12g；大便秘结加生大黄（后下）6～9g；胸腹水去莪术，加猪苓 15g，葶苈子 12g，车前子（包煎）12g；吐血、便血去莪术，加仙鹤草 30g，地榆炭 15g，三七粉（冲服）3g。每日 1 剂，早晚分服。

（2）疗效观察：近期疗效根据实体肿瘤疗效评价标准，分为完全缓解（CR），部分缓解（PR），稳定（SD）和进展（PD）。生活质量按照 Kamofsky 行为状态评分（KPS）标准。观察患者体重、食欲、精神、睡眠、疲乏、疼痛、活动、日常生活情况，对两组治疗前后进行评分。治疗后增加 10 分为有效，无变化者为稳定，减少 10 分为无效。结果显示治疗组缓解率为 52.6%，优于对照组的 39.3%（$P < 0.01$）。

（3）体会：胰腺癌可归属于中医学"伏梁""黄疸""腹痛""痞块"等范畴。病机主要为正气内虚、邪毒内结所致，其发生发展与后天失养、饮食失调、七情郁结等相关。患癌之后气虚而郁，胆汁排泄受阻，以致出现阴阳气血逆乱的复杂局面，但中焦脾胃功能失调是其关键，脾虚则木郁，土虚则生湿，湿郁化热，气滞血瘀，痰瘀湿热相搏结而成本病，阻遏气机，而见腹痛，阻滞胆道，胆汁外溢而成黄疸。久病则耗气伤正，更伤脾胃，故治以健脾理气、化瘀解毒、散结消癥。采用扶正抑胰方加减治疗，祛邪与扶正相结合，方中黄芪、灵芝、绞股蓝益气健脾安神；白术、薏苡仁、茯苓、白豆蔻、陈皮、佛手、鸡内金健脾助运行气化湿；白花蛇舌草、半枝莲、蛇六谷、肿节风、莪术等清热解毒、活血化瘀、软坚散结。诸药合用，发挥清热解毒、化湿散结、理气行瘀之效，使热毒湿邪得除，有邪去正安之效，达到改善临床症状，抑制肿瘤细胞发展，延长生存期的目的。

（二）培土生金法治疗结直肠癌的临床经验

结直肠癌是我国最常见的恶性肿瘤之一，严重威胁人们的身心健康，中医文献中，结直肠癌没有确切的病名称谓，大致与"肠积""锁肛痔""肠覃""积聚"等病症相对应。

（1）病因病机：《景岳全书·积聚》云："凡脾胃不足及虚弱失调之人多有积聚之病。盖脾虚则中焦不运，肾虚则下焦不化，正气不行则邪滞得以居之。"如唐琪琳等认为，饮食不节、情志内伤、外感六淫、正气虚弱等导致脾失健运，毒邪盘踞大肠而致大肠癌的发生。现代人工作繁忙，疏于锻炼，腠理疏松，易于感受外邪，且饮食不洁（节），抑或情志抑郁，皆损伤脾胃正气。张爱琴教授认为，大肠癌其病位在大肠（包括结肠与直肠），与五脏生克制化密切相关。脾脏乃肺金之母，脾胃失健则肺气不利，而肺与大肠相表里，故累及大肠；又肾乃肺金之子，久病及肾，肾水亏耗，肺金愈加燥烈，大肠受累，病由生焉。

（2）治则治法：金元以后，各大医家逐渐确立了扶正祛邪、攻补兼施的治疗原则。而明清时期，则在积聚的治疗方面提出初期任攻、中期且攻且补、末期当补的三期治疗法则。脾胃为后天之本，乃生化之源，况五行之中土为金之母，母强则子不弱，因此认为健运脾土才可强肺之气；又据肺与大肠相表里，补益肺脏使其功能强健，大肠方可无恙。其治初则以肺脾为重，久则兼顾于肾。五行之中，土爱稼穑，具有生化、受纳的属性，与胃互为表里，脾气主升，胃气主降，升降平衡，气机调畅。而从五行生克论之，脾土生肺金，土乃金之母，母健则子安，子安后乃朝百脉，输精于皮毛，通调水道下输膀胱，合于四时五脏阴阳，此身体为安。由此可知脾肺安守其位，则邪毒无以蕴结于大肠。若脾不健运，湿土化为焦土，功能失常，而五行之中，土生金，故肺金因脾而受累，况肺与大肠相表里，肺金不生，肃降功能失常，大肠无力传导糟粕，且大肠主津，糟粕滞留肠道日久，邪毒盘踞，津伤液枯，变生他证。肺脏受损直接累及大肠，大肠祛除毒邪的能力减退，糟粕无以及时去除，积聚体内，凝聚成病。现今人们生活安逸，衣食无忧，脾胃无困饥饿，反被生活琐事所压，抑或受事业发展所累，肝气郁滞，疏泄不及，郁久化火，火为阳邪，其性燔灼趋上，肺为华盖，其位在上，易受火邪燔灼而伤津耗气；肝木郁而不畅，反来克制脾土，脾乃肺金之母，脾不健运，难生肺金，肺金愈虚，大肠愈燥，盖因肺与大肠相表里，大肠之津赖脾土及肺金之输布，脾肺受制，大肠亦无法独善其身。肺脾肝长久处于失衡状态，日久则累及于肾，疾病日久，肾水耗竭，木无水润，郁而不升，日久化火，肝火煎灼脾土，肺金受累于脾土，最终殃及大肠，五脏六腑本就集于一体之中，诸脏腑相生相息，相辅相成，故一脏病则五脏六腑无一幸免，皆受影响。故治疗上主张从中央脾土着手，中央强则余脏皆强，故以健脾清肺润肠为原则，病久则兼补益肾气。

（3）病案举例：薛某，女，50岁，于2016年3月9日于浙江省肿瘤医院行直肠癌根治术，术后病理：①直肠盘状型（瘤体3.5cm×2.0cm×0.6cm）中分化腺癌，浸润至肌层；②肠周上组10只、肠周中下组1只淋巴结慢性炎；③子宫后壁纤维组织见少量腺体，分期$T_2N_0M_0$。诊见：面色少华，倦怠乏

力，胃纳欠佳，小腹坠胀，大便偏溏，偶有矢气，夜寐欠佳，舌淡苔白，脉细弱。治以健脾疏肝，清肺润肠。处方：太子参、茯苓、大血藤、山药、灵芝、炒谷芽各15 g，炒白术、炒白芍、仙鹤草各12g，佛手、浙贝母、无花果各10g，薏苡仁、淮小麦各30g，厚朴花、姜半夏各9g，梅花5g，木蝴蝶3g。14剂，每天1剂，水煎服，早晚各1次。

二诊：患者精神清爽，面色较前明润，胃纳可，大便成形，舌淡苔白，脉细。张爱琴教授在原方的基础上，根据疏肝健脾的治疗原则调整用药，原方去浙贝母、大血藤，加矮地茶30g，猪苓12g，制黄精15g，玫瑰花6g，继服14剂。患者服药后面色红润，胃纳转佳，睡眠正常，二便调畅，情绪平稳，精力充沛，每月门诊随诊至今。

按 患者来诊时正处于直肠癌根治术后，外邪方去，正气已损，正虚无法进一步祛邪外出。故只欲正气盛，则邪不可干，人体机能自然向愈。先天之精不可速补，后天脾胃尤宜健运，以后天滋先天，则正气自然强盛。秉承"虚则补之，实则泻之"的原则，结合患者刻下气短声低、神疲乏力、舌淡、苔薄脉细等气虚症状，在四君子汤的基础上重用疏肝健脾的药物，佐以清热宁心之药。方用四君子汤为基础，原方中以人参为君，刻下患者正气虽虚，恐人参力强性猛，故易以补气力缓之太子参，健脾养胃；配以苦温之白术，健脾燥湿；另佐以茯苓淡渗利湿，健脾宁心；炒白芍柔肝缓急，于土中泻木，兼以益脾；浙贝母、梅花、厚朴花、佛手疏肝解郁、行气化痰；薏苡仁利水渗湿，健脾清热；仙鹤草收敛止痢，兼以益肾；木蝴蝶、大血藤清热解毒；以怀小麦、灵芝安神宁心；其中姜半夏与厚朴花配伍亦奏行气散结、降逆化痰之效，使郁气得疏，痰涎得化。全方协调配合，共奏疏肝健脾之效。二诊时患者自觉精神较前好转，机体功能渐趋好转，但仍处于邪虽去、本亦虚的状态，故其表虚，其肤空。此时外有虚邪贼风，则风邪入于肌肤，且风善行而数变，故用制黄精补气养阴，健脾润肺，益肾；玫瑰花和血行血，寓"治风先治血，血行风自灭"之意；辅以猪苓利水渗湿；矮地茶清利湿热治疗以善后。

第三节 传授学术继承人

徐珊教授2001年评为浙江省名中医，2002年10月～2006年6月指导带教第二批浙江省名中医学术经验继承人朱君华、成信法。2008年8月国家中医药管理局确定徐珊教授为全国第四批老中医药专家学术经验继承工作指导老师，2008 年 8 月～2011 年 11 月指导带教学术经验继承人刘云霞、茹清静。4 位学术经验继承人均通过出师考核，获得出师证书。

一、浙江省名中医学术经验继承人朱君华

朱君华（1961 ～），男，浙江省杭州市人，2001 年、2005 年在徐珊教授指导下获中医内科学专业硕士和博士学位，2006 年 12 月获第二批浙江省名中医学术经验继承人出师证书，浙江中医药大学主任中医师、硕士研究生指导老师，曾任浙江中医药大学学报编辑部主任、生命科学院院长。

朱君华从事中医临床诊治工作，研究方向为消化系统疾病中医药治疗研究及中医药文献研究。先后承担完成国家级、省部级中医药课题 13 项，其中参与完成的《乐胃饮对实验性 FD 胃肠动力及应激能力的干预》成果获浙江省科学技术二等奖，《中医实验动物模型方法学研究》成果获浙江省科学技术三等奖，《浙江省中医药论文文献计量学研究》成果获浙江省中医药科技进步奖三等奖，国家重点攻关项目"中国医籍大辞典"成果获第五届中国辞书奖一等奖、第六届中国图书奖提名奖。出版专著 5 部，发表学术论文 50 多篇。

朱君华擅长治疗失眠、便秘、胃病、慢性肠炎等内科杂症，以及泌尿系统疾病、肿瘤的中医治疗、肿瘤手术与放疗化疗后的中医调理和癌前病变等，在中医药治疗慢性萎缩性胃炎方面有特色和专长。

慢性萎缩性胃炎是以胃黏膜腺体萎缩为特征的消化系统常见病，其临床症状主要有上腹隐痛、胀痛，或仅有饱胀、嘈杂等不适感，多在进食后加重。在中医辨证基础上采用乐胃饮治疗慢性萎缩性胃炎 30 例，并与采用胃复春治疗的 26 例作对照，进行临床疗效的观察研究。

（一）临床资料

（1）一般资料：共收治 56 例，随机分为乐胃饮治疗组 30 例，胃复春对照组 26 例。治疗组：男 12 例，女 18 例；年龄 26 ～ 62 岁，平均（53.21±8.35）岁；病程 1.5 ～ 25 年，平均（8.25±6.53）年；症状积分（7.42±2.41）分；腺体萎缩轻度 15 例，中度 7 例，重度 8 例；肠化生程度阴性 9 例，轻度 6 例，中度 10 例，重度 5 例。对照组：男 11 例，女 15 例；年龄 25 ～ 64 岁，平均（51.52±11.34）岁；病程 1.4 ～ 26 年，平均（8.46±5.25）年；症状积分（7.21±2.74）分；腺体萎缩轻度 12 例，中度 7 例，重度 7 例；肠化生程度

阴性 7 例，轻度 7 例，中度 8 例，重度 4 例。经统计学处理，两组间比较差异无显著性（$P > 0.05$）。

（2）病例纳入标准：主要参照《慢性胃炎的分类、纤维胃镜诊断标准及萎缩性胃炎的病理诊断标准》（试行方案），并参考第九届世界胃肠病学术大会制订的《胃炎新分类悉尼系统》收集病例。

（3）病例排除标准：①年龄在 18 岁以下或 65 岁以上，妊娠或过敏体质。②合并有胃、十二指肠溃疡者，恶性肿瘤者。③合并有心血管、脑血管、肝、肾及造血系统等严重原发性疾病，精神病患者。④未按规定用药，无法判断疗效，或资料不全等影响疗效或安全性判断者。

（二）治疗方法

（1）治疗方法：治疗组服用乐胃饮。加减：胃阴虚甚者加生地黄 15g，石斛 10g，麦冬 12g；胃酸不足另加木瓜 15g；湿热盛者加黄连 5g，蒲公英 30g；胁痛者加柴胡、川楝子各 9g；气虚者加黄芪、太子参各 15g；湿重者加白蔻仁 6g；血瘀者加丹参 10g，红花 6g，莪术、桃仁各 12g。每日 1 剂，3 个月为 1 个疗程。对照组采用口服胃复春，每次 4 片，日 3 次。3 个月为 1 个疗程。

（2）观察指标：①症状观察：分别记录治疗前后主要症状如疼痛，胀闷，嘈杂、泛酸、嗳气、纳呆、少食等的变化，采用打分方法，分为 4 级：无记 0 分，轻记 1 分，中记 2 分，重记 3 分。分别合计，以判定疗效。②病理观察：将腺体萎缩、肠上皮化生分为轻、中、重 3 级，分别记录治疗前后变化。

（3）疗效判定标准：参照中国中西医结合研究会消化系统疾病专业委员会制订的《慢性胃炎中西医结合诊断、辨证和疗效标准》（试行方案），规定如下。

1）症状疗效标准：①显效：临床症状消失或基本消失，症状分值 [症状分值 =（治疗前积分 - 治疗后积分）/ 治疗前积分 ×100%] ≥ 80%。②有效：临床症状有所改善或明显减轻，症状分值 ≥ 20%。③无效：临床症状无改善或加重，症状分值 < 20%。

2）病理疗效标准：①显效：黏膜萎缩改善 2 个级差以上，或改善 2 个级差同时伴肠化生和异型增生轻度改善以上；或黏膜萎缩改善 1 个级差同时伴肠化生和异型增生的改善或消失。②有效：黏膜萎缩、肠化生和异型增生三者之一有轻度改善。③无效：病理无改善，甚至加重。

（三）结果

（1）两组患者临床疗效比较：治疗组临床疗效总有效率90.0%，明显优于对照组（$P < 0.01$）。

（2）两组患者治疗前后症状积分比较：治疗组治疗后积分改善明显优于对照组（$P < 0.01$）。

（3）两组病理疗效比较：治疗组病理疗效的总有效率66.7%，优于对照组（$P < 0.05$）。

（四）体会

萎缩性胃炎为胃腺体萎缩，胃酸及胃蛋白酶分泌减少，甚则完全无胃酸分泌，属中医"胃脘痛"范畴，其致病原因错综复杂，病情虚实相兼，病程迁延难愈。病因初期多由饮食不节、情志所伤，或由脾胃虚兼夹外邪导致脾胃升降失调，气机紊乱。临床表现以虚实夹杂，气滞血瘀，肝郁化火伤阴或脾失健运，水湿内停，湿热内结，热盛伤阴；或久病失治、误治，或过用香燥劫阴之品，均可导致胃阴不足或肝肾阴虚，血络瘀滞，胃失荣养。其中尤以胃阴不足为主，由于胃阴不足，譬如"釜中无水，不能熟物"，故见不思纳谷，甚则无食欲感。所以，治疗上应标本兼顾，以益气健脾养阴，兼以行气、祛湿、化瘀为法。

乐胃饮是临床应用治疗萎缩性胃炎的经验方，该方以健脾益气养阴立法，临床疗效明确，并且曾先后通过临床和实验研究证实该方具有保护胃黏膜，调整免疫功能，抗自由基损伤，促进胃肠动力等作用。方中怀山药健脾补气而益胃阴；薏苡仁健脾化湿；陈皮疏肝理气和胃。药理研究证实：山药具有调节或增强免疫功能，调整肠胃功能，降低血糖，抗衰老，抗氧化，抗自由基活性，降脂，抗肿瘤作用。薏苡仁有解热、镇静、镇痛的作用，近年又发现有增强免疫、抗肿瘤及降血糖，抑制微管蛋白，逆转萎缩胃腺体等作用。全方益气养阴，健脾和胃，行气、祛湿、化瘀。临床观察表明，乐胃饮对慢性萎缩性胃炎具有既能改善、缓解临床症状，又能改善、逆转病理变化的疗效。

二、浙江省名中医学术经验继承人成信法

成信法（1966～），男，浙江省余姚市人，2006年12月获第二批浙江

省名中医学术经验继承人出师证书，浙江中医药大学副研究员。现任浙江中医药大学滨江学院常务副院长，浙江省独立学院专业委员会委员。

成信法主要从事高等中医药人才培养研究工作，出版著作《护肤养颜中药》《大学生心理健康教育概论》《大学生学习学》《中医实习医生指南》《医药商品学》《中药商品学》等；发表教学管理和医学研究论文20余篇；主持和参与省部级课题研究4项、厅局级课题研究6项，参与完成的《萎缩性胃炎脾虚证实验鼠细胞凋亡调控基因蛋白的表达》等研究成果获浙江省科学技术三等奖1项，浙江省中医药科学技术创新奖二等奖、三等奖各1项。

成信法从事中医诊治工作，从徐珊教授治疗脾胃病的经验中获益匪浅，选用《伤寒论》芍药甘草汤，治疗慢性萎缩性胃炎疗效甚佳。慢性萎缩性胃炎由于胃黏膜及其腺体不同程度的萎缩，导致胃液分泌减少，故而不同时期的萎缩性胃炎都存在着胃液不足或缺乏，恢复胃液至正常含量是中医治疗该病的关键之一。胃液属于中医津液范畴，即胃阴，选用芍药甘草汤，正是解决了胃阴之不足。方中白芍酸苦微寒，益阴养血；炙甘草甘温，补中缓急。白芍虽寒，但有甘草之温，寒而不伤胃，两药合用，酸甘化阴，胃阴得以滋生，即胃液得以恢复。同时结合辨证用药，胃黏膜及腺体得以修复，临床症状也随之消失。临床运用芍药甘草汤加味治疗慢性萎缩性胃炎36例，取得了良好效果。36例中男20，女16；年龄最大69岁，最小30岁，平均54岁；病程最长20年，最短1年；属肝胃气滞型9例，脾胃虚寒型1例，胃阴不足型12例。胃镜报告：慢性浅表萎缩性胃炎7例，慢性萎缩性胃炎2例，慢性萎缩性胃炎伴肠上皮化生7例。所有病例均采用芍药甘草汤治疗，方以白芍15～20g，炙甘草6～9g为基础化裁。肝胃气滞型合用柴胡疏肝散；脾胃虚寒型合用黄芪建中汤；胃阴不足型合用麦门冬汤。并随证选用蒲公英、白花蛇舌草、鸡内金、乌梅、山楂、半枝莲、藤梨根、石见穿等。临床观察治愈6例，好转27例，总有效率达91.7%。

三、全国老中医药专家学术经验继承人刘云霞

刘云霞（1967～），女，浙江省乐清市人，2010年和2012年在徐珊教授指导下分获中医内科学专业硕士学位和临床专业博士学位，2012年获第四批全国老中医药专家学术经验继承人出师证书，同时还获得第四批全国老中

医药专家学术经验继承工作优秀继承人荣誉证书，杭州市第三人民医院主任中医师，中医科兼肿瘤科主任，浙江中医药大学硕士研究生指导老师。2010年被评为杭州市名中医，2012年获"全国优秀中医临床人才"称号，2016年评为杭州市劳动模范，2018年获"首届杭州市优秀医师"与"杭州市卫生健康战线中成绩突出医师"称号，被评为第七批浙江省名中医。现为浙江省中医名科建设项目负责人、杭州市二类医学重点学科肿瘤内科学（中西医结合）学科带头人、世界中医药学会联合会肿瘤经方治疗研究专业委员会常务委员、中华中医药学会综合医院中医药工作委员会委员、浙江省中医药学会中医经典与传承研究分会委员会副主任委员、浙江省中医药学会肿瘤分会委员会常务委员、浙江省中西医结合学会肿瘤专业委员会委员、浙江省抗癌协会骨与软组织肿瘤专业委员会委员、杭州市中西医结合学会肿瘤专业委员会副主任委员等职。

刘云霞从事中西医结合诊治恶性肿瘤的临床研究，主持国家自然科学基金项目"益气补肾方调控胃癌干细胞免疫微环境及 Notch 信号通路抗转移分子机制研究"、浙江省自然科学基金项目、浙江省中医药科技计划项目、杭州市科技项目等课题 10 项，科研成果获浙江省中医药科技创新奖、杭州市科技进步奖、杭州市医药科技进步奖等 6 项。以第一或通讯作者发表论文 41 篇，其中 SCI 收录 5 篇。刘云霞从医 28 年，擅长于中西医结合治疗乳腺癌、肺癌、胃癌、结直肠癌、卵巢癌、骨肉瘤、尤因肉瘤、宫颈癌、鼻咽癌、食道癌、胰腺癌、膀胱癌等恶性肿瘤，特别对恶性肿瘤的抗复发和转移有丰富的临床经验，同时对慢性萎缩性胃炎、慢性结肠炎等脾胃病的治疗有独到的见解。

胃癌是世界上最常见的恶性肿瘤之一，2018 年全球胃癌新发病例数103.3 万，死亡病例 78.2 万，发病率和死亡率分别居恶性肿瘤的第 5 位和第 3 位。我国是胃癌的高发地区，据最新资料统计，胃癌的发病率和死亡率分别位于全国恶性肿瘤的第 2 位和第 3 位。70% 以上的胃癌患者在确诊时错过最佳手术时机，且约有 75% 的手术切除患者治疗后复发。肿瘤干细胞（CSC）的转移和归巢在肿瘤的复发转移过程中占据了非常重要的地位。刘云霞依据中医有关胃癌的病因病机，结合术后复发和转移的病理基础，采用中药复方益气补肾方配合化疗防止胃癌术后的复发和转移，取得了明显的疗效。在临床实践中发现，益气补肾方通过直接抑瘤、调节机体免疫功能、化疗增敏等途径，对胃癌术后患者发挥防止复发和转移的作用。刘云霞通过对益气补肾方抗胃

癌复发转移的分子机制进行了一系列的研究，取得体外实验与体内实验的研究成果。

（一）体外实验研究

结果显示：益气补肾方能显著抑制人胃癌细胞株 SGC-7901 细胞增殖生长，下调 SGC-7901 中胃癌 CSC 比例；益气补肾方能明显改变胃癌 CSC 的细胞形态和内在超微结构，从而干扰和破坏胃癌 CSC 行使其侵袭转移的功能，显著抑制 SGC-7901 细胞侵袭转移。

（二）体内实验研究

结果显示：益气补肾方与氟尿嘧啶在下调 CSC 龛环境（niche）肿瘤转移相关因子 TGF-β_1、VEGFR-1、OPN、HIF-1α、CXCR4 表达方面可能具有协同作用；益气补肾方抗胃癌转移的作用机制可能与下调 Notch1/Jagged1 信号通路相关蛋白及相关蛋白 mRNA 的表达有关。

（三）临床辨治要点

在中医药诊治胃癌方面，积累了丰富经验，提出胃癌的临证辨治 5 个要点。

1. 综合治疗，中西医相结合

内镜、影像、实验室检查及病理检查是胃癌诊断和分期的依据，手术、放化疗治疗肿瘤，亦成为规范和主要手段。对胃癌的诊治，首宜遵守美国国立综合癌症网络关于胃癌的诊治指南。

中医药可以介入胃癌的综合治疗全程，如胃癌术后患者，创伤失血，多以气血亏虚为主型，治疗当以健脾养胃，益气生血为主；胃癌化疗后患者，恶心呕吐致伤津耗气，损伤脾胃，脾失健运，又致湿邪中阻，治疗宜和胃止逆，健脾化湿为主。胃癌放疗后，一方面脾胃受损累及气血生化之源，另一方面热邪伤阴，治疗多以养阴清热，健脾生血为主。对于无西医肿瘤相关治疗指征的晚期胃癌者，多以攻补兼施。根据不同的分型采用不同的治则，常见的证候分型：①肝胃不和型采用疏肝和胃，降逆止痛法，逍遥散加减。②脾胃虚寒型应用温中散寒，健脾温胃法，理中汤加减。③瘀毒内阻型应用解毒祛瘀，清热养阴，活血化瘀法，失笑散加减。④胃热伤阴型应用养阴清热法，玉女煎合增液汤加减。⑤痰湿凝结型应用化痰散结，温化中焦法，开郁二陈汤加减。⑥气血两虚型应用补气益血，健脾补肾法，十全大补汤加减。

2. 扶正祛邪，主次先后分清

恶性肿瘤是全身性疾病的局部表现，通常是全身属虚、局部属实的本虚标实之病证，本虚则有气血阴阳亏虚，标实则有热毒、湿阻、痰凝、气滞、血瘀等。临证治病必求于本，以扶正培本为主，坚持扶正与祛邪结合相当重要。治疗应遵循"虚则补之""坚则消之""结则散之"的原则，正确处理扶正与祛邪的辩证关系。扶正是根本，祛邪是目的，扶正不离祛邪，祛邪意在扶正，扶正祛邪不能偏废，只有二者辨证统一，才能使攻补两法相辅相成，达到"治病留人"的目的。

胃癌为本虚标实之病，胃癌发生后，正气已虚，邪气有余。扶正与祛邪，在胃癌治疗中相互为用，相辅相成。扶正养胃，益气健脾使正气加强，有助于机体抗御和祛除积瘤；祛邪抗癌能够抑制积瘤的快速进展，使邪去正安，有利于正气的保存和恢复。故在胃癌治疗中，当谨守胃癌本虚标实病机，细致观察分析正虚与积瘤在发病各阶段主次，辨证与辨阶段相结合，决定扶正与祛邪的主次和先后，初期以祛邪为主，中期宜攻补兼施，在胃癌晚期体弱或手术放化疗后，均强调应以坚持扶中和胃为其本，祛邪抗癌为其标。

扶正则视气血阴阳之盛衰而调补之，有益气、补血、养阴、温阳等不同，辨证要精确，调补要适当。实证补之诚属误治，虚证补之不及不能愈病，补之太过反增新疾。补益之法，过用熟地、黄芪、人参、龟板、鹿茸等滋腻黏滞之品，易致胃气壅滞，而出现脘腹胀满、不思饮食、大便稀溏或干结等症，给疾病的治疗带来困难。临床上运用补益方药时，需正确选用方剂，灵活配伍，可配以陈皮、砂仁、木香等行气和胃之品以防"虚不受补"，或加鸡内金、谷麦芽等健脾消食之物以生发胃气而运化五谷精微以资养五脏。

祛邪治标主要在胃癌患者未行手术及放化疗，或无手术适应证而又拒行放化疗且正气尚存者，酌投峻烈之抗癌中药，或是通过正确扶正，胃气来复，气血充盛，可予以抗癌之品，如动物药的天龙、干蟾皮、蜈蚣、全蝎及穿山甲等，植物药的白花蛇舌草、龙葵、三叶青、蛇六谷、藤梨根、猫人参、重楼、猫爪草和红豆杉等，但均应中病标去即止。祛邪的常用治法有清热解毒，化痰散结，理气化瘀等，祛邪中药大多性味苦寒，辛热，若久服或大量服用常可伤及脾胃，出现纳谷减少，胃脘疼痛，恶心呕吐，腹胀腹泻等症，癌毒未散，胃先受戕。一味以剽悍峻猛之药攻之，只图一时之功，结果即或有效，也徒伤正气，则害多益少。一旦胃气受损，则药石不行，疾病难却。如果胃气正常，

浙江中医临床名家·徐 珊

有助于行药祛邪。故祛邪宜缓图，顾护胃气为先。则须配伍相须相使等标本同顾、正邪兼理之品。

3. 遣方用药，顾护胃气为要

胃癌的发病主要与正气亏虚，饮食不节，外邪客胃、情志所伤等多种因素有关，但病机病理中无不以脾胃虚损为关键环节。脾胃不足及虚弱失调之人，多有积聚之病。各种原因引起的脾胃虚损，致脾失健运，胃失和降，进而食积壅滞，气滞血瘀，瘀积化热，积热成毒，食积瘀毒，胶结成癌，留于胃中。胃癌的手术、放疗及化疗等治疗方式均有不同程度损伤脾胃。胃癌患者常出现复发、转移，而复发转移乃胃癌患者的最大死因，胃癌中晚期更是胃气衰败。临证中常见腹胀纳少，食后胀甚，肢体倦怠，神疲乏力，少气懒言，形体消瘦，舌淡苔薄白，舌边齿痕，脉弱等脾虚之象。许多胃癌患者在确诊前，均不同程度地出现神疲乏力，面色少华，腹胀不适，便溏纳呆等脾虚症状，而且相当多的病例在术后脾虚症状更明显。脾胃气虚贯穿胃癌整个过程，脾虚贯穿于胃癌发生发展各阶段，疾病之间呈等级正相关。因此临证胃癌各个证候，各个阶段，屡屡以健脾和胃，保护胃气为首务。

临证在治疗主症的同时需加入顾护胃气的药物，酌情使用益气和胃，理气和胃，降逆和胃，养阴和胃，疏肝和胃，消食和胃，化湿和胃，温中和胃，制酸和胃等顾护胃气之法。处方用药以六君为基础，贯彻健脾和胃之法。脾虚失运，酿生湿浊者，加茯苓、猪苓、薏苡仁等以健脾化湿；食滞胃脘者，加神曲、鸡内金、炒山楂、炒谷麦芽等以消食化滞；肝气犯胃，胁胀闷痛者，常加柴胡、郁金、绿梅花等以疏肝和胃。许多中晚期胃癌患者，之所以常能使其转危为安，与恰当运用健脾和胃，顾护胃气之法，保存生机密切相关。胃气是中医肿瘤临床治疗的关键所在，对中、晚期肿瘤患者特别重要，"有一分胃气，便存有一分生机"。临床施治必须本于脾胃，先借胃气以为行，时时扶护脾胃之气。力求补脾胃而不生滞，清热谨防苦寒伤胃，燥湿谨防辛温伤阴，理气但不伤气，活血兼顾养血。无犯虚虚之戒，方能取得满意的临床疗效。

4. 扶正培本，先天后天并重

正气亏虚是肿瘤发生发展的重要原因。癌肿的发生和发展是一个正邪相争的过程，肿瘤患者的正气与免疫状态及预后相关。《素问·评热病论》所云："邪之所凑，其气必虚。"李中梓在《医宗必读》中说："积之成也，正气不足，而后邪气踞之。"胃癌是全身性疾病的局部表现，通常是全身属虚，局部属实的本虚标实之病证，脾虚及肾是本虚，胃内有积属标实。手术治疗仅起到减瘤去邪的作用，而化疗只是短暂控制积瘤的进展，仅去标实而未从根本上改善胃癌患者脾胃虚损，反而是失血耗津，伤阴耗气，伤脾碍胃，累及肾气。肾主纳气，一身之气摄纳在肾，肾为先天之本，五脏之根，肾气不固则五脏之气失于摄纳。肾阳衰弱，脾土更失温煦，正虚更甚。

脾为后天之本，肾是先天之本，脾之健运，化生精微，需要肾阳的温煦作用，脾肾生理上相互资助，相互促进，病理上相互影响，互为因果。胃癌尤其是手术后及化疗治疗后的患者，脾肾亏虚型或为主证，或为兼证，常见神疲乏力，气短懒言，面色无华，纳差，呕吐，水肿，腰酸痛或周身疼痛，皮肤瘙痒，筋惕肉瞤，皮肤甲错，大便干结或不畅，夜尿频多，排尿不畅，出血，舌质淡、苔白滑，脉沉细等证候。治疗不仅健脾益气，同时温补肾阳、滋阴补肾及填补肾精，助脾脏生发之气，以达事半功倍之效。临床常用黄芪、白术、茯苓、薏苡仁、大枣等益气健脾，女贞子、枸杞子、菟丝子、山茱萸等培补肾精，共起健脾补气，滋阴补肾，扶正固本之效。

正确运用扶正培本法，可以调节人体的阴阳气血、脏腑经络的生理功能，纠正异常的免疫状态，增强人体内在的抗病能力，抑制癌细胞的生长。合理配伍祛邪药物杀灭癌细胞，抑制癌肿发展，则可以改善症状，强壮体质，稳定和缩小癌肿，延长生存期，甚至可以获得癌灶消失而治愈。

5. 已病防变，防止复发转移

肿瘤治疗必须遵循综合治疗原则，肿瘤的治疗由以"病"为中心转向以"人"为中心，由注重"局部"转向"整体"调节。胃癌根治术后常出现复发及转移，胃癌术后通常采用辅助放化疗来减少复发及转移的概率，但之后的预防治疗基本空白，而胃癌复发转移后的治疗效果远较初治差，中医药治未病在胃癌术后的预防复发转移的意义非同小可。中医治未病理论是中医理论重要组成部分，也是中医药魅力之所在。

胃为"水谷之海"，有受纳与腐熟水谷的功能。脾为后天之本，气血生化之源，脾胃居于中焦，为升降运动之枢纽。若脾胃气虚，则升降失常，水谷不能化生精微，内聚则生痰湿，阻碍气机，气滞血瘀，痰瘀互结，乃成癥块。脾虚是肿瘤发生发展的重要原因。胃癌根治术的创伤会抑制正常的胃肠运化功能，手术创伤也使患者机体的免疫功能进一步下降，易导致残余肿瘤的生长与转移及多种并发症的发生，从而影响近期的康复及远期的生存率。术后患者对化疗药物毒副反应的耐受性减低，影响化疗的密度剂量，从而影响化

疗的疗效。手术治疗暂时起到减瘤去邪的作用，并未解除患者气血、阴阳平衡及脏腑功能的失调，而化疗则更是伤阴耗气，损及脾肾。正气不足则余邪逐渐强盛，邪毒乘虚随经气或血脉流窜，客于脏腑，日久成积而导致胃癌复发及转移。脾肾亏虚可影响胃癌根治术后患者机体的康复，脾肾亏虚是胃癌根治术后转移和复发的主要原因。采用健脾补肾法为主，辅以清热解毒，活血散结来防止胃癌术后的复发及转移，可取得不俗的疗效。常用黄芪、茯苓、薏苡仁、猪苓益气健脾；女贞子、枸杞子、猪苓培补肾精；半枝莲、藤梨根、莪术、八月札等清热解毒，活血散结；红枣、炙甘草补脾胃，调和诸药。根据患者的症情辨证加减，对胃癌根治术后患者，能提高机体免疫力，抑制癌症复发及转移。

四、全国老中医药专家学术经验继承人茹清静

茹清静（1966～），男，湖北省天门市人，2010 年获中医内科学专业博士学位，2012 年获第四批全国老中医药专家学术经验继承人出师证书，浙江中医药大学附属第二医院（浙江省新华医院）主任中医师，肝病科 / 感染科副主任，硕士研究生指导老师。2005 年遴选为首批"浙江省中青年临床名中医"培养对象，2009 年获"浙江省中青年临床名中医"称号，入选浙江省"新世纪 151 人才"，2016 年获第三批"全国优秀中医临床人才"证书。现为世界中医药学会联合会肝病专业委员会理事、中华中医药学会名医学术思想研究分会常委、长江三角洲中医肝病协作组委员、浙江省中医药学会脾胃病 / 肝病分会委员、浙江省中西医结合抗肝纤维化学组副组长等。

茹清静主持和参加国家级和省部级等科研课题 10 多项，其中参与国家科技部重大课题 1 项，主持省自然科学基金课题 1 项。发表学术论文 20 多篇，主编参编《脂肪性肝病》《肝硬化》等著作 4 部。《略论"胃气"评估与慢性肝衰竭的防治》《中医的疾病预后观》等优秀论文，对胃气理论的研究取得创新，《肝衰竭患者胃气的定量评估及其与预后的关系》获全国中医药博士、博士后科技成果与转化优秀论文三等奖。研究成果获浙江省中医药科技创新二等奖和三等奖。

茹清静从医 20 年，擅长内科常见病、多发病及疑难杂症，特别是中医药诊治胃肠疾病与肝病，如顽固性黄疸、肝硬化、腹水、脂肪肝代谢综合征、慢性胃炎肠化生、反流性食管炎、异型增生（上皮内瘤样变）等癌前病变、

慢性结肠炎、肠易激综合征、肝癌、胃癌术后，以及失眠、头痛等亚健康的调养。

中医药诊治肝硬化腹水具有明显的特色和优势，通过临床实践和实验研究，提出温阳养肝固本，顾护胃气治疗慢性肝功能衰竭中医药治疗策略。

慢性肝功能衰竭是指在肝硬化基础上，肝功能进行性减退和失代偿。诊断要点为有腹水或其他门静脉高压表现；可有肝性脑病；血清总胆红素升高，白蛋白明显降低；有凝血功能障碍，凝血酶原活动度（PTA）≤40%。短期病死率高，严重影响患者生存质量，目前尚无理想的治疗手段，主要是内科综合治疗，人工肝支持系统和肝移植治疗。尽管西医的肝与中医的肝不能等同，但从其病理机制和临床表现，该疾病属于中医的"阴黄"和"鼓胀""积聚"等范畴。病位在肝，涉及脾肾两脏和胃、胆两腑。阴黄证其病机以寒湿论者居多，脏腑虚损者次之，肝气虚和肝阳虚者较少。而鼓胀病多为肝脾肾虚损，气滞水裹血瘀为患，为本虚标实。扶正易致壅塞，祛邪易伤正气，自古为难治之疾，对这类重症病例中医以胃气判断其预后，但无客观统一和定量的评价标准。茹清静通过对肝气（阳）虚与阴黄证的关系及胃气虚损与鼓胀预后关系的理论研究，对温阳养肝固本法为主治疗慢性肝功能衰竭相关之"阴黄""鼓胀"作了论证和验证。

慢性肝功能衰竭常表现肝硬化腹水之"鼓胀"病及肝功能减退之"阴黄"证，自古即为四大难症之一，也是现代医学之常见疑难问题。现代医学的内科综合治疗效果有限，人工肝支持系统乃至肝移植的应用受到诸多限制，迫切需要解决患者的诸多并发症，改善生存质量及延长寿命。阴黄证肝气（阳）虚证系肝脏功能低下出现的一种病证，临床表现复杂多样。如筋脉失养，可见倦怠不耐劳；疏泄失常，藏魂失职则忧郁胆怯，胆汁排泄无力则蓄积为害，影响脾胃健运，胆汁无法转输或寒湿内生，即可出现阴黄证；肝气虚，继而胆气不足，胆汁排泄无力，积滞外溢导致黄疸；肝气（阳）虚，脾阳不振，运化无力，也可导致胆汁积滞而致阴黄；肝阳虚，寒湿内生，气滞血瘀，胆液困阻，外溢于肌肤而发为阴黄。阴黄证既可由于寒湿困脾引起，也可由肝气虚和肝阳虚引起，肝脾两虚或肝肾两虚，因虚致实亦可出现，临床不容忽视。阴黄证既可作为"黄疸"病的一个证型，广义上也可认为是一个"病"，其又可进一步辨证分为肝气虚证、肝阳虚证、寒湿困脾证等。阴黄属肝气虚或肝阳虚者，临床尚无统一标准，但有一定理论根据，这对于指导临床显示一定的疗效，有待进一步研究。

"胃气"虚损是鼓胀病形成的重要原因，也是其预后的主要评定指标。大补"胃气"是鼓胀的主要治疗原则之一。因此，慢性肝功能衰竭之"阴黄"证与"鼓胀"病，理论上温阳养肝固本可以作为基本治则。肝气肝阳的虚损导致的阴黄，不应忽视。鼓胀的治疗更不能舍本求末，先天之本与后天之本，以后天之本更为重要。中医学把"胃气"作为危重疾病预后的重要指标，对于鼓胀、阴黄之预后的判断也不例外，我们根据中医理论，采用临床流行病学研究方法，对慢性肝功能衰竭初步建立中医"胃气"的定量评估标准，并进行信度（reliability）和效度（validity）的检验，建立简便、客观、实用的肝功能衰竭中医学预后判断模型，以大补"胃气"提高疗效，改善患者生存质量，延长患者生存时间，将是中医学治疗慢性肝功能衰竭等疑难病症的有效范例。

根据中医疾病预后观系统研究，以胃气为主要着眼点，根据"食欲减退程度""腹胀程度""胃气上逆程度""腹泻程度""乏力程度""神色""营养状况""舌苔望诊"等8项指标制订"胃气"评估量表，进行信度和效度的检验。制订具有中医特色的肝功能衰竭预后判断模型，并与终末期肝病（MELD）模型进行对照，探讨肝功能衰竭患者胃气损伤与预后的关系。采用前瞻性多中心病例队列随访研究，对136例肝功能衰竭患者观察其入院起1、3、6个月的胃气损伤评分和血清生化学指标、MELD评分、生存状况。结果显示：该"胃气"量表具有稳定性和一致性。胃气损伤评分与MELD评分呈正相关，相关系数 $r=0.323$，$P < 0.001$。同时肝功能衰竭死亡组与存活组之间胃气1评分、MELD1评分差异具有显著意义；胃气模型作为死亡风险预测的ROC曲线下面积为0.663，$P=0.001$。当胃气损伤评分为11分时，其预测死亡风险的灵敏度为62%，特异性为60%。该胃气评估量表简便实用，经内在信度检验，具有稳定性和一致性。胃气损伤评分与MELD评分呈正相关。该胃气量表及中医预测模型可预测肝功能衰竭疾病近期死亡风险。

第四节　女儿从医承家传

徐珊教授和夫人杨季国教授均从事中医药事业，女儿徐燕立幼承庭训，耳濡目染，对中医药有浓厚兴趣，并将中医学专业作为高考第一志愿，承其家业，常侍诊于父母之侧，聆听指教，领悟真谛，立志继承发扬中医药事业。

徐燕立（1986～），女，浙江省杭州市人，博士，浙江大学医学院附属第一医院主治中医师。2004～2009年就读于浙江中医药大学中医学专业，2009年作为浙江省优秀毕业生推免入读复旦大学上海医学院中西医结合临床专业硕士研究生，2011年以优异成绩硕博连读该专业博士研究生，2013～2015年国家公派美国南加州大学Eli & Edythe再生医学与干细胞研究中心，联合培养博士研究生，留学24个月，2016年1月获博士学位。徐燕立先后获国家奖学金、浙江省优秀毕业生、浙江省第五届"挑战杯"大学生创业计划竞赛二等奖（排名第一）、浙江省第十届"挑战杯"课外学术科技作品竞赛三等奖（排名第一）等。现为浙江省中医药学会脾胃病分会青年委员。

徐燕立从事中西医结合治疗消化系统肿瘤的临床与实验研究。参与国家自然科学基金项目"从诱导胰腺癌干细胞多向分化角度探讨胰腺癌清胰化积方治疗后长期带瘤生存机理""肝癌患者介入前后中医诊断研究"等的研究，主持浙江省自然科学基金项目"基于JAK/STAT信号通路及其表观遗传调控动态研究健脾疏肝法治疗慢性萎缩性胃炎及癌前病变的作用机理"，作为主要完成人的研究成果获浙江省科学技术三等奖1项。发表研究论文12篇，其中SCI收录发表论文2篇（*Qingyihuaji formula inhibits pancreatic cancer via down-regulation of Notch-4 and Jagged-1*，*Qingyihuaji formula inhibits pancreatic cancer and prolongs survival by down-regulating Hes-1 and Hey-1*），参与蒋文照医学丛书之《蒋文照学术撷英》《蒋文照医案精选》《蒋文照医学传承》和《蒋文照手稿真迹》的编写。

一、中医药诊治胰腺癌的临床研究

中医对胰腺癌的病因病机虽有研究，但并不充分，各医家之间对胰腺癌病机认识的观点也不一致，主要分为以脾虚为主和以邪实（痰、湿、热、毒等）为主的两种主流观点。胰腺癌的临床表现均与湿、热、毒邪密切相关，可用湿热毒邪的致病特点加以解释，湿热毒邪内蕴是本病首要病因和发病的内在条件，湿热毒邪的形成是本病发生发展的关键环节。

（一）胰腺癌的主证阐释

根据古籍中对有关疾病症状、体征和预后等的记载和分析，胰腺癌是以上腹痛、黄疸、进行性消瘦、全身乏力，以及消化道症状等为主要临床表现，归属于"伏梁""癥瘕""积聚"等病症范畴。癥瘕为积聚之异名，伏梁为

五脏积中的心之积。"癥"的特点"病不动""腹中癥有结积""牢大""害饮食""转羸瘦""多以渐生""难治"。"积"的特点"始发有常处，其病不离其部""痛"这一特点。"伏梁"的特点"在心下""上则迫胃脘""著于肓""唾血""环脐而痛""久病""死不治""难治"。

1. 对积聚、癥瘕等的病机认识较多

如《灵枢·百病始生》认为邪"留而不去，穿舍于肠胃之外，募原之间，留着于脉，稽留而不去，息而成积""内伤于忧怒……而积聚成矣"。《诸病源候论》中记述"癥瘕者，皆由寒温不调，饮食不化，与脏器相搏结所生也"。积聚乃"阴阳不和，脏府虚弱，受于风邪"，"气行不得宣通"所致。《景岳全书·积聚》中记述"积聚之病，凡饮食，血气，风寒之属，皆能致之"。《张氏医通·积聚》则认为"按积之成也，正气不足，而后邪气踞之"。《灵枢·刺节真邪》"已有所结，气归之，津液留之，邪气中之，凝结日以易甚，连以聚居为昔瘤，以手按之坚。"指出邪气结聚，留而不去，导致气滞津停，津液日渐凝结，连结聚居而成。唐容川认为积聚"此非凝痰，即是里血。"《医学入门》曰："皆太阴湿土之气，始因外感内伤气郁，医误补而留之以成积"。

2. 对于胃脘痛、黄疸等病机的认识

《素问·病能》论及胃脘痛时指出"则热聚于胃口而不行，故胃脘为痛也"。《圣济总录·黄疸门》中记载："多因酒食过度，水谷相并，积与脾胃，复为风湿所搏，热气郁正蒸，所以发生为黄疸"。《金匮要略·黄疸病脉证并治第十五》指出："黄家所得，从湿得之"。是黄疸发病过程中的重要因素。《圣济总录·黄疸门》认为："风湿所搏，热气郁蒸，所以发生为黄疸"。由于气化不利，湿阻中焦，湿热交蒸，以致肝胆疏泄功能失司，胆液不循常道，渗入血液，溢于肌肤，而发生黄疸。王清任观察了胰腺的解剖位置及其邻近器官，认为胰腺与肝脏、脾脏在生理功能与病机方面互相关联。气机不畅，肝郁脾虚，水湿困滞，郁久化热，湿热蕴结，日久成毒，脾胃湿热熏蒸肝胆而一身面目俱黄；情志郁怒，肝气郁结，或饮食不节，或过食厚味，而至脾失运化，结胸膈痛，形成肝脾瘀结；或有毒素郁热，耗阴伤血，阴虚内热，热毒破血妄行。

3. 消瘦的成因

《金匮要略》不但有专篇区别积聚，且在虚劳病篇描述患者因内有干血，日久而成"五劳虚极羸瘦，腹满不能食，……肌肤甲错，两目暗黑"等虚劳表现，类似胰腺癌的晚期症状。《诸病源候论》曰："积聚……致脏腑元气虚弱，而饮食不消……若积引岁月，人即柴瘦，腹转大，遂致死。"

4. 疼痛也与热毒的产生有密切的联系

《素问·病能》就有论述"热聚于胃口而不行，故胃脘为痛也"。究其成因，乃热毒与痰、瘀相结，阻塞经脉，不通则痛。

5. 胃肠道症状乃是湿热困郁后造成的一系列继发表现

脾胃乃人体"后天之本"，为水谷运化、阴阳升降之枢纽。由于湿邪易致脾虚，热邪可导致胃热，脾失健运，胃失合降，而出现运化失常的病证。脾虚不运，故纳差食少，湿浊趋下则大便溏泻，升降失常，气机失于疏化则脘痞腹胀，浊气上逆故恶心呕吐。

6. 其他全身症状的出现亦可以得到相应的解释

如里热偏盛，故发热，口渴，小便黄赤。湿困脾土，阻遏气机，故身重乏力等。中医所认识的胰腺癌的临床表现，均与"湿、热、毒"的形成密切相关，可用"湿、热、毒"的病变特征来加以解释，故认为外邪入侵、七情内伤、饮食不节导致气机不畅，湿浊内生，湿热蕴结，发为本病。"湿、热、毒"的形成是本病发生发展的关键病机。胰腺癌为湿热蕴结所致。热为火之渐，火为热之甚，火热为患，多表现亢盛炎上的性质，以发病急、变化快为特点。毒性猛烈，"夫毒者，皆五行标盛暴烈之气所为也"。内生热毒之邪，虽无外感疫毒之传染性，然其致病亦多具有发病急、症危重、变证多的特点。符合临床所见胰腺癌的进展迅速，发病后生存期短的特征。湿性潮湿，黏滞，重浊，固着，湿中蕴热，黏滞难化，可如薛生白所言"热得湿而愈炽，湿得热而愈横"，进一步造成病情危重错综复杂的局面。而热毒耗气伤阴，瘀血凝痰，损伤脏腑，久滞入络，形成邪留不去、正气内耗、顽固不化的局面，导致病情迁延日久，缠绵难愈。胰腺癌患者病情反复多变，手术切除后的复发、转移率高，晚期患者病期表现复杂多变，并发症多，无不是湿、热邪致病的特性所决定。

（二）治疗原则的确立

基于胰腺癌病因病机的认识与揭示，湿毒、热毒及湿热毒邪互结是胰腺癌发病病机的关键。临床治疗胰腺癌应以清热、化湿、解毒为原则。在晚期胰腺癌的治疗中，坚持以清热、化湿、解毒为主的中药治疗，可稳定瘤灶，延长生存期。清热化湿，理气散结是胰腺癌的基本治则，贯穿于胰腺癌的全程治疗。

辨病论治即根据不同疾病的各自特征，做出相应的疾病诊断，并针对不同疾病，进行相应的或特异的治疗。一种具体的病往往具有特定的病因、病机和症状，因而显示其特异性，并反映出在病因作用和正虚邪凑的条件下，体内出现一定发展规律的邪正交争、阴阳失调的全部演变过程。因此，从辨病论治立论，把握了胰腺癌的基本矛盾变化，有利于从疾病的全局考虑其治疗方法，而且还能采用某些特异性治法和方药，进行特异性治疗。

（三）经验效方的选用

通过长期的临床实践和经验积累，徐珊教授攻读博士学位的指导老师刘鲁明教授领衔的临床研究团队创立了治疗胰腺癌的清胰化积方。清胰化积方由蛇六谷、白花蛇舌草、半枝莲、绞股蓝、白豆蔻等组成。方中蛇六谷化痰散积，解毒消肿为君；白花蛇舌草、半枝莲清热解毒，利湿消肿，活血止痛为臣；绞股蓝扶助正气，清热解毒，化痰抗癌为佐；白豆蔻化湿和胃，行气宽中为使。诸药合用，发挥清热解毒，化湿散结，理气行瘀之功，使热毒湿邪得除，有邪去正安之效。以清胰化积方为主综合治疗。临床研究证实以清胰化积方为主的中西医综合疗法在晚期胰腺癌治疗中可稳定瘤灶，延缓疾病进展，延长患者生存期，药物不良反应少，患者的生存质量得到改善，从而显示出良好的临床价值。

二、整理徐珊教授治疗慢性功能性便秘的经验

徐燕立通过临床侍诊，整理徐珊教授论治慢性功能性便秘的临证经验如次。

（1）通下非唯用泻剂：慢性功能性便秘古今中医名称甚多，如"大便难""后不利""脾约""肠结"等，统称"便秘"。徐珊教授认为，便秘病程延久，症情反复，虚实夹杂，或虚多实少，为数尤多，而非一时峻下图快而能收其功。如若滥用泻剂，每致排便依赖，且大黄、芦荟等易成结肠黑色素变，久用不宜。徐珊教授临证常重用生白术调整脾胃功能以通便，考之《伤寒论》第174条"伤寒八九日，风湿相搏，身体疼烦，不能自转侧，不呕不渴，脉浮虚而涩者，桂枝附子汤主之；若其人大便硬，小便自利者，去桂加白术汤主之。"仲师于大便坚硬而加用白术，且白术用量四两，为《伤寒论》内服汤剂中白术的最大用量，开白术重用通便之先河。实验研究显示：生白术

对小鼠小肠内炭末有明显推进作用，对家兔在体回肠的收缩幅度与频率有明显增高作用。临证施治，白术诚为通便之良药，一般用之30g以上，配伍枳壳，收效甚捷。

（2）治肠兼顾肺胃肾：便秘病位虽在大肠，然与肺胃肾等脏腑关系紧密。肺为华盖，与大肠相表里，肺气宣发肃降与大肠传导息息相关。《临证指南医案》载叶氏治肠痹之便闭，言及"但开降上焦肺气，上窍开泄，下窍自通矣"。徐珊教授认为，下病求上，开上窍可以通下窍。常用杏仁、桔梗等品开提肺气，沙参、麦冬等养育肺阴，肺之宣降正常而魄门启闭有度。胃与大肠皆属于腑，胃气之和降，有助于大肠之通降。徐珊教授临证选用旋覆代赭汤，该方仲师原本为治疗嗳气所制，具有和胃化痰，重镇降逆之效。该方和胃降逆，胃腑趋和，肠道气顺，大便自畅。肾乃真阴真阳之所在，职司二便。大肠排泄糟粕，有赖于肾阳之温煦和肾阴之濡润。徐珊教授用补肾法通便，阳气虚者施以肉苁蓉、巴戟天等；阴血亏者投之山茱萸、枸杞子等。

（3）增水行舟需调气：临证所见，便秘粪质燥坚，排解困难，间隔时长，大多责之于阴虚血少液亏，肠道失于濡润，医家论治首推《温病条辨》之增液汤。热病耗伤津液，液涸肠燥，传导失司，吴鞠通谓之"液干多而热结少"，水不足以行舟，而成"无水舟停"之态势。增液汤方用玄参、麦冬、生地养阴清热，增液润燥，以成增水行舟之剂而创中医术语之典范，代相传用。徐珊教授认为水涸舟无以浮而致搁浅，增水固能浮舟，然而舟浮尚需风推则行，气动则风起，风起则舟行。故而，便秘证治，增水行舟辅佐调气，尤为紧要。就其本病而言，证有气虚、气陷、气滞、气逆之异；治有补益、升提、行气、降逆之别，如黄芪之补益，升柴之升提，槟榔之行气，旋覆之降逆等是。

（4）典型病案：胡某，女，38岁。2013年7月20日初诊。反复大便困难10多年，加重2月。曾作结肠镜检查，未见明显异常。患者一直间断服用"排毒养颜胶囊"等，初则见效，一般3日一便。近两月来，排便间隔时间延长，5～7日一解，更衣艰出，形如板栗，口中干苦，腹胀嗳气。舌质偏红，苔薄而白，脉细稍弦。辨为阴虚燥热，肠道气滞之便秘。治拟养阴增液，调气行舟。处方：玄参、麦冬、生地、瓜蒌仁、火麻仁、莱菔子各15g，生白术30g，炒枳壳、炒黄芩、槟榔各10g，姜半夏、姜竹茹各9g。嘱其每日快步行走半小时，并做提肛运动，同时调节情绪，避免焦虑。按上方加减调治月余，告知1～2日一便，排解顺畅，腹无不适。

著名学者王国维在他的《人间词话》中说到治学经验，他说，古今之成

大事业、大学问者，必经过三重境界。

第一种境界是"昨夜西风凋碧树，独上西楼，望尽天涯路"，说的是做学问成大事业者首先应该登高望远，鸟瞰路径，了解概貌。

第二种境界是"衣带渐宽终不悔，为伊消得人憔悴"，意即做学问成大事业并非轻而易举，必须经过一番辛勤劳动的过程，废寝忘食，孜孜不倦，人瘦带宽也不后悔。

第三种境界是"众里寻他千百度，蓦然回首，那人却在灯火阑珊处"，经过反复追寻、研究，最终取得了成功。只要功夫精神用到，自然会豁然开朗，有所发现，有所收获。

徐珊教授从学医求知，到行医治病、探究医理、传医授业46载，用心做学问，用心攻专业，用心看病人，用心教学生，当他望着一个个病人身体康复，满意而去，当他看到一个个学生事业有成，满载而归，收获的喜悦之情，成功的幸福之感，不禁油然而生。虽逾花甲，杏林耕耘，服务民众，壮心未已。

大事概览

1956 年 7 月 19 日出生于浙江省金华专区的一个教师家庭。

1963 年 9 月～1970 年 1 月浙江金华环城小学学习，是学校数学竞赛队队员，多次参加比赛并获奖。

1970 年 2 月～1972 年 1 月浙江金华第五中学学习。

1972 年 3 月～1973 年 4 月浙江金华茶厂合同工。

1973 年 5 月 2 日到浙江金华地区罗店医院（现为金华市婺城区罗店镇社区卫生服务中心）报到，经金华名老中医张兆智考核收为中医学徒，拜师学医，计划学徒三年，见习侍诊一年。

1974 年 2 月～1974 年 7 月参加由浙江金华卫生局主办的为期 6 个月的脱产中医中药学习班。

1976 年 4 月中医学徒三年期满出师，后随业师侍诊半年。

1976 年 11 月因工作需要提前半年到浙江金华地区罗店医院下属的竹马公社卫生院（现为金华市婺城区竹马乡社区卫生服务中心）工作，任中医。

1977 年 11 月参加恢复高考制度后的首次高校入学统一考试，以第一志愿录取为浙江中医学院中医系中医学专业本科生。

1978 年 3 月～1982 年 1 月浙江中医学院中医系中医学本科专业学习，1981 年 9 月参加《中华人民共和国学位条例》颁布后首届研究生招生考试，1982 年 1 月 17 日收到浙江中医学院中医基础理论专业硕士研究生的录取通知书。1982 年 1 月中医学专业本科毕业，获医学学士学位。

1979 年 5 月共青团浙江省委员会授予"浙江省新长征突击手"荣誉称号。

1979 年 7 月评为浙江中医学院一九七九年度三好学生。

1980 年 10 月评为浙江中医学院一九七九～一九八〇学年三好学生。

1982 年 2 月～1984 年 12 月在蒋文照教授指导下，攻读中医基础理论专业硕士学位，1984 年 12 月硕士学位论文《论〈内经〉病机学说的"非常则变"观》通过学位论文答辩，授予医学硕士学位。

1984 年 12 月硕士研究生毕业，留校在中医诊断学教研室任教。

1985 年 2 月加入中国共产党，1986 年 2 月按期转正。

1985 年 8 月～1985 年 9 月参加中华医学会浙江分会举办的"B 超讲习班"学习，学业成绩 95 分，获结业证明书。

1988 年 12 月作为项目负责人完成的"脏腑辨证计算机辅助教学系统"成果获浙江省卫生厅科学技术进步奖二等奖。

1991 年 5 月确定为第一批全国老中医药专家学术经验继承工作指导老师蒋文照教授学术经验继承人，1991 年 6 月 12 日参加由浙江省卫生厅等单位联合召开的浙江省继承老中医药专家学术经验拜师大会，行拜师礼。1994 年 5 月提交全国老中医药专家学术经验继承工作结业论文《气郁浊阻病生，和理疏达法验——蒋文照教授学术经验和技术专长》，通过出师考核。1994 年 12 月获国家人事部、卫生部、国家中医药管理局联合颁发的出师证书。

1993 年 11 月晋升为中医诊断学副教授。

1994 年 10 月评为中医内科副主任中医师。

1998 年 2 月调至浙江中医学院附属医院（浙江省中医院）任职工作。

1998 年 11 月晋升为中医学教授。

2000 年 3 月赴法国参加法国巴黎高等商学院欧亚研究所举办的 2000 春季"医院管理学习班"。

2000 年 12 月评为中医内科主任中医师。

2000 年 12 月作为项目负责人完成的《21 世纪中医药人才素质教育模式的研究与实践》成果获浙江省教学成果一等奖。

2001 年 4 月～2001 年 5 月赴美国参加加州大学洛杉矶分校健康服务管理中心举办的"现代医院管理学习班"。

2001 年 5 月调回浙江中医学院校本部任职工作。

2001 年 6 月 25 日浙江省教育厅发文公布经浙江省人民政府同意为浙江省高校中青年学科带头人（中医内科学）。

2001 ～ 2009 年任浙江省中医药高级技术职称评审委员会成员，参加浙江省中医药高级专业技术职称评审工作。

2001 年评为浙江省名中医，2001 年 12 月 27 日浙江省人民政府授予荣誉证书。

2001 年 12 月作为项目负责人完成的"21 世纪中医药人才素质教育模式的研究与实践"成果获国家级教学成果二等奖。

2002 年 1 月浙江中医学院学位评定委员会确认为中医内科学学科博士研究生指导老师。

2002 年 10 月～ 2006 年 6 月指导带教第二批浙江省名中医学术经验继承人朱君华、成信法，2006 年 6 月经浙江省卫生厅组织考核，朱君华、成信法成绩合格，届满出师，获浙江省卫生厅颁发的出师证书。

2002 年 12 月作为项目负责人完成的《中医药人才素质教育概论》获浙江省哲学社会科学优秀成果奖三等奖。

2003 年 7 月评为首届浙江省高校教学名师。

2005 年 1 月聘为浙江省保健委员会干部医疗保健专家。

2005 年 4 月作为负责人的"蒋文照、葛琳仪学术思想及临证经验研究"项目列入国家"十五"科技攻关计划。2007 年 4 月"蒋文照、葛琳仪学术思想及临证经验研究"项目通过科技计划项目验收，2008 年 1 月登记为浙江省科学技术成果，2008 年 8 月该成果获浙江省中医药科学技术创新奖二等奖。

2005 年 4 月作为项目负责人完成的《浙江省传染性非典型肺炎中医药防治方案的研究》成果获浙江省中医药科学技术创新奖一等奖。

2005 年 5 月聘为浙江省中青年临床名中医培养专家指导委员会委员，同时聘为浙江省中青年名中医培养对象张爱琴的指导老师，2009 年 10 月张爱琴获浙江省中青年临床名中医证书。

2005 年 10 月作为项目负责人完成的"中医专业课程评价指标体系的研究与实践"成果获浙江省教学成果奖二等奖。

2006 年 8 月美国加州五系中医药大学聘为博士研究生导师。

2006 年 9 月～ 2010 年 8 月聘为浙江省医学会医疗事故技术鉴定专家库成员。

2006 年 10 月任浙江省中医药学会脾胃病分会第一届委员会副主任委员。

2007 年 2 月聘为浙江省名中医研究院研究员。

2007 年 11 月浙江省人民政府授予浙江省有突出贡献中青年专家荣誉称号。

2007 年作为项目负责人完成的"乐胃饮对实验性 FD 胃肠动力及应激能力的干预"成果获浙江省科学技术奖二等奖。

2008 年 8 月国家中医药管理局确定为全国第四批老中医药专家学术经验继承工作指导老师。2008 年 8 月～2011 年 11 月指导带教学术经验继承人刘云霞、茹清静，经考评合格准予刘云霞、茹清静出师，2012 年 9 月获人力资源社会保障部、国务院学位委员会、教育部、卫生部与国家中医药管理局联合颁发的出师证书。刘云霞还获得临床医学（中医师承）专业博士学位及国家中医药管理局颁发的第四批全国老中医药专家学术经验继承工作优秀继承人荣誉证书。

2009 年 2 月新西兰中医学院聘为客座教授。

2009 年 3 月获 2007～2008 年度浙江省教育系统"事业家庭兼顾型"先进个人荣誉证书。

2009 年 4 月上海中医药大学聘为第四批全国老中医药专家学术经验继承工作继承人在职攻读临床医学（中医师承）专业博士学位指导老师。

2009 年 4 月～2009 年 5 月应邀赴美国加州五系中医药大学博士研究生班及再进修教育班教学与临床带教。

2009 年 5 月美国加州五系中医药大学聘为博士研究生导师。

2010 年 7 月任中华中医药学会中医诊断分会常务委员。

2010 年 10 月任浙江省中医药学会第五届理事会常务理事。

2010 年 9 月任国家中医药管理局中医药重点学科中医诊断学学科带头人。

2010 年 11 月任负责人的"蒋文照名老中医药专家传承工作室"列入国家中医药管理局全国名老中医药专家传承工作室建设项目。2014 年 9 月 16 日"蒋文照名老中医药专家传承工作室"通过全国名老中医药专家传承工作室建设项目验收专家组的考核验收，评定成绩 94.5 分，验收结论为"优秀"。

2010 年作为项目负责人完成的"肠易激综合征兔模型的建立及其乐胃饮的干预"成果获浙江省科学技术奖二等奖。

2011 年 10 月继任浙江省中医药学会脾胃病分会第二届委员会副主任委员。

2013 年 3 月徐珊主编的《蒋文照医学丛书》之《蒋文照学术撷英》《蒋文照医案精选》《蒋文照医学传承》和《蒋文照手稿真迹》等四册，上海浦江教育出版社，列入上海市重点图书出版发行。

2013 年 12 月聘为浙江省中医药学会"西医人员学习中医高级培训班"指导老师。

2014 年 7 月当选继任中华中医药学会中医诊断分会常务委员。

2014 年 9 月获浙江中医药大学 2009～2013 年度本科教学工作中表现突出，获得三次"优秀授课教师"称号荣誉证书。

2014 年 11 月浙江省中医管理局聘为浙江省"全国优秀中医临床人才研修项目"培养对象指导老师。

2015 年 9 月 10 日获浙江省任教三十年教师荣誉证书。

2016 年 2 月获浙江中医药大学 2015 年度先进工作者荣誉证书。

2016 年 7 月退休，继续在多家医疗机构中医内科与脾胃病专科专家门诊。

2016 年 10 月继任浙江省中医药学会脾胃病分会第三届委员会副主任委员。

学术传承脉络

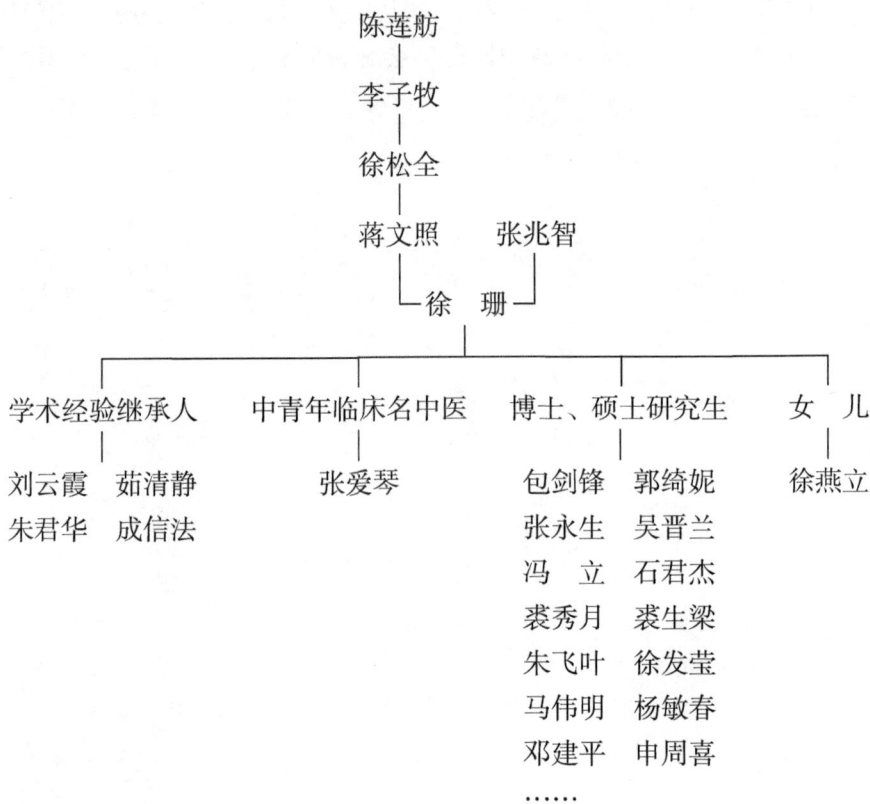

陈莲舫
|
李子牧
|
徐松全
|
蒋文照　　张兆智
└── 徐　珊 ──┘

学术经验继承人	中青年临床名中医	博士、硕士研究生	女　儿
刘云霞　茹清静 朱君华　成信法	张爱琴	包剑锋　郭绮妮 张永生　吴晋兰 冯　立　石君杰 裘秀月　裘生梁 朱飞叶　徐发莹 马伟明　杨敏春 邓建平　申周喜 ……	徐燕立